U0030733

勇敢逐夢的馬偕醫院兒科醫師**戴裕霖**——著

穿越一條柏油路到古都古。

1個醫師、4萬6000公里，
那段我帶著夢想走在地獄與天堂的日子

獻給在天堂、我最親愛的——媽媽江依蓁、阿婆戴古桃妹

目錄

第1部

夢想啓程，我從加爾各答走向西非的漫漫長路

我們的夢想都能夠被實現，只要我們有勇氣去追求。——華特・迪士尼（Walt Disney）

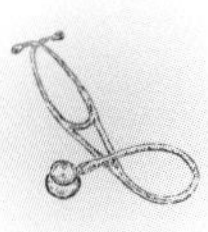

第2部

那一年，我帶著聽診器擁抱地獄與天堂的日子

人生並不如想像的那麼美麗，亦不如想像的那麼醜陋。——莫泊桑（Guy de Maupassant）

第3部

二萬公里外的角落，那些美好剎那帶來的永恆

你所擁有的力量絕對超乎自己的想像，能讓你飛得更遠、更高。不自我設限，你實現的理想會比想像中更高遠。——尼采（Friedrich Wilhelm Nietzsche）

推薦序

找到屬於你的夢想與天堂

楊育正
台灣安寧照顧基金會董事長、
前馬偕紀念醫院院長

我們曉得凡事都互相效力，叫愛主的人得益處，就是按他旨意被召的人——〈羅馬書〉第八章二十八節。

我所認識的戴裕霖醫師，外表沉靜安詳，但其實熱情澎湃。在學醫、行醫的路上充滿著令人感動的經歷。尤其當他成為基督徒後，更是凡事在禱告中尋求神的旨意得以成全。

如今他將親身經歷，以其游刃有餘的文筆著書出版，並跟大家分享。我得以先睹爲快，深覺榮幸，甚願爲其推薦。

戴醫師在學生時代就先到印度加爾各答，做了一個月志工服務。在那裡，他了解到何謂街友、何謂種姓制度、何謂國際志工，並從中感受家的意義。其後他讀了連加恩醫師所著的《愛呆西非連加恩》，書中提到：「好命的孩子應該比別人付出更多，這樣好命才有意義。」、「我到了一個地方，離開時，我沒有改變，我就是白混一場。」都讓他深有感悟。

就這樣，冥冥中上帝把戴醫師連結到布吉納法索，在那裡他一次又一次的受到感動及帶來深刻體悟。在布國的服事並非一帆風順，他在書中自述：「忙碌又疲憊的心，常在不知不覺中失去溫度。」然而他卻在病人的感恩態度中得以重拾熱情，並更能給予尊重和關心。

戴醫師特別援引德蕾莎修女的名言：「我們當中極少數人能做偉大的事情，但是每個人都可以用崇高的愛去做平凡的事。」

書中描述了一位布吉納法索的青年蘭伯特，在馬路旁的路燈下勉力讀書，勾起我幼年時的記憶。

和我年紀相當的人應該記得，當時的臺灣何嘗不是常有人在路燈下讀書?!曾幾何時，這樣刻苦努力的情境已不復在！書中提到今天的臺灣和布吉納法索什麼最不一樣？戴醫師的回答是：「純眞！」而我想還可以加上「珍惜所有、勤奮努力」。啊！

多令人惆悵的舊日情懷……。

有「臺灣史懷哲」之稱的謝緯醫師曾說：「富裕的物質生活會使人忘記身邊還有貧苦的人。」當此時刻，戴醫師所提醒的應如晨鐘暮鼓發人深思。

被稱爲「加爾各答聖人」的德蕾莎修女，對那些期待到加爾各答去追隨她服事的人們說：「來吧！讓我們發現自己的加爾各答。」而戴醫師在本書的結尾也說：「我想，我會再回到布吉納法索，在這散發微光的天堂，完成更多的夢想。」接著，更對每一位讀者說：「你呢？你的天堂在哪裡呢？」

是的，你我的天堂在哪裡？到天堂的路要怎麼走呢？

推薦序

拿出改變人生的勇氣

蘇打綠電吉他手
劉家凱

你是不是對人生充滿疑惑？又或者不清楚生命的意義？是否想過獨自到遙遠的地方旅行，突破一成不變的日常？還是很想幫助這個世界，卻覺得無力？

也許沒有一本書或一個正確的答案指引人生該去的方向，但透過裕霖獨特的生命旅程卻提供了某種可能性、刺激性，讓人回想起那個曾經迫切尋求解答的自己。

故事的開頭也許老套，因爲一本書讓他深受啓發，決定要到另一個世界奉獻生命。轉了一圈決定放棄念了四年、即將到手的學位，重考醫學院，拿出讓人生重新洗牌的勇氣，從頭過苦哈哈的重考生活。

在同輩要找工作的年齡，才開始投入長達七年的醫學院生活，過程中重新尋找生命的價值。

他的選擇可能遠不同於大部分人的，卻又能在這段生命歷程中讀到類似的困惑和無助。一頁頁翻過他的分享，很自然地在心中掀起那股對生命曾有過的渴望、慢慢醱酵，再醞釀成另一個生命中的勇氣與美好。

這本書不只解答他的選擇和疑惑，也突破亞洲人對醫生這門專業的推崇與迷思。書中的經歷和處境，讓人眞正感受什麼是「人飢己飢、人溺己溺」，看他坦誠剖析對生命的困惑，更直白地寫下奉獻和己利相衝突時的矛盾掙扎。

我和裕霖高中畢業後十多年再相遇，他經歷的不是在事業上小有成就、結婚生子，而是到「新世界」——一個如書中所寫「生活在臺灣的我們都是好命人」所無法體會的世界，接受全新的挑戰。

在臺灣沒有食物短缺、醫療匱乏的問題，又有受教育的權利，儘管資源分配不均，但相較於西非布吉納法索而言，臺灣的生活可能就像是天堂一般，而有多少人能懂得珍惜？

當他爲了幫助「人」而出發到異鄉，卻又因爲異鄉的「人」而有了更多的困頓和疑惑。面對這一切，他不斷學習坦然面對情緒和人性，正因爲懂得省思和改變而成爲一個眞正幸運有福報的人，衝突來時變得更加勇敢。

信念和信仰也陪伴他度過每一個困惑。不論人人的信念和信仰是否相同，這份力量都能成爲黑夜中的燈塔默默指引方向。

希望透過閱讀本書，可以將這深刻而特別的經歷分享給你。或許可以變成你生命中的一小部分，陪伴你找到人生的方向和價值。

推薦序

找出不輕易放棄的「熱心」

屏東基督教醫院院長
余廣亮

第一次認識裕霖的時候，是在高醫大通識課程上有關馬拉威海外醫療工作分享。會後他提出很多疑問，對海外醫療十足之興趣，從他銳志眼神中已流露出：有一天我也會參與國際醫療合作的強大動力。

一般臺灣學生多以團體方式起步參與國際合作，但裕霖卻採用與眾不同的方式。在他參與多次的志工行動中，都是單槍匹馬，這一股勇氣大大的吸引我去了解這位年輕人如何做到的？

在每次計畫裡，無論你多麼細心的策畫、嚴密的布置、落實的行動及充裕的經費，但都有可能面對無法走下去的困境、無法做下去的窘迫……從裕霖的新書當中，可以看到有太多理由足以讓他放棄這些志願者的工作，甚至當他眞的要放棄時，也不會有人責怪他的。

然而，他沒有放棄！難不成是因爲他沒有遇到困難、挫折、失望等……都不是，是因爲裕霖「太」熱心。

偉大的發明家愛迪生研究鎢絲如何產生光明，經過二千多次的實驗才成功。但我深信當他做了五百次、一千次甚至一千五百次實驗時，他若是宣告這個方法行不通，想必沒有人會責怪他，甚至會對愛迪生說辛苦了。但愛迪生並沒有放棄，因爲他「太」熱心了。

現在臺灣社會的氛圍裡，太多的人不願意堅持、不願意忍耐、不願意受苦，我們所缺乏的是裕霖的那一股「太」熱心了。《聖經》裡〈羅馬書〉第五章三、四節中，有一段經文這樣鼓勵我們：「不但如此，就是在患難中也是歡歡喜喜的；因爲知道患難生忍耐，忍耐生老練，老練生盼望。」

推薦序

不只是放膽！

杜英宗
南山人壽董事長

二年前，南山人壽開始在中學校園進行「放膽計畫」，邀請各行業成功、有熱情的前輩，透過他們成長的故事與熱情，啓動年輕人放膽逐夢的初衷。甚至鼓勵他們可以提出公益計畫，由南山贊助與協助執行，開始踏上改變人生的道路。

在近百場放膽講座中，有一張年輕的臉孔，總是受到學子喜愛。那就是這本書的作者戴裕霖。他的外表與口吻，就像個大哥哥，言談內容直接打中青少年的徬徨，超齡的經驗也令人印象深刻。

從擔任一個醫院志工受到的感動，在大學畢業時毅然決然放棄已經錄取的碩士班、重新考大學進醫學系，到非洲的經歷。從南陽街一路踏上印度、非洲的行腳與熱情，無一不令我佩服。也讓我想起年輕時，勇於放膽走出自己的舒適圈，不斷接受跨國、跨職涯的挑戰，才能累積本事，發揮影響力，幫助更多人。

而更令我佩服的，是他不以服務別人而自滿，更能謙卑地從服務中感受別人的需求，從他人的眼神與回應中調整自己的腳步，與更多不同的人生經驗交織，共同譜出獨特、動人的生命之歌。

我常說，南山是一個公益服務的平台，讓許多有熱忱的人，透過南山的資源，或透過保險保障、或透過公益活動，成爲更多人的貴人。我很高興「放膽講堂」有戴裕霖的加入，擦亮年輕世代的夢想之窗，更開心看到這本書問世，讓他的成長故事能夠更直接地感動與影響更多人。

從善的種子如何在他的心中萌芽、一路茁壯，及至落實的見證。戴裕霖展現的，不只是放膽的精神與力量，更是對生命的意義與價值的體認與發揮。面對這樣一個非典型的年輕人，戴裕霖作爲一個基督徒，不只榮神益人，也讓我們看到更多希望。

推薦序

發現人生的「正面能量」

路加國際組織駐南非辦公室主任　連加恩

心理勵志類的書籍，很容易成爲暢銷書。原因是大家都在尋找能夠提升自己「正面能量」的來源，買來就算讀不完，有空翻翻，得到一點激勵也好。這本書也有這樣的效果，但卻絕不僅只如此而已。

裕霖有一個特質，他很會做夢，也敢於逐夢，而這些夢都巧妙地跟他的人生重大選擇連結在一起。

記得二〇一〇年，我在當時的衛生署疾病管制局擔任防疫醫師。某天分機響起，同事告訴我有位戴姓醫學生急著找我。電話那頭的學生，說著想要去我們在西非的育幼院擔任義工圓夢。電話中可以感覺他碰了很多軟的、硬的釘子後，終於可以成行了。我的第一印象是：「哇，這眞是一個很執著、有傻勁、知道自己要什麼的人。」

那通電話不久後，我被政府派到南非擔任醫療外交官，沒有機會詳細聽他的西非之旅發生了什麼事情。

趁著某次出差的機會，我回到西非布吉納法索，剛好有時間參訪霖恩小學。看到開設十年後、漸漸老舊需要維護的房屋設備，心中有很多感慨。在當年住過的宿舍房間裡，我跪地禱告：「主啊，可否差一個人來接續幫忙。」

沒想到不到一個月內，我收到裕霖的電郵問道：「學長，我畢業了，已經被錄取外交替代役，我應該選擇布吉納法索，再去第二次嗎？」大概想了兩秒鐘，我就回信告訴他：「當然！」後續故事的發展，證明裕霖就是那個被上帝派來幫忙的人。

我誠心地推薦這本書，因爲這是一本記載一個忠於夢想之人的眞實故事。他的夢想，讓他念了十一年的大學，帶他走上好幾趟離鄉背井的長路。他夢想的成就，也包含了激勵別人做夢、幫助別人圓夢。甚至夢想帶他繞過地球大半圈，找到人人在找尋的「正面能量」源頭，徹底改變了後續的人生路。

或許你會問：「爲何一定得跑那麼遠才能找到？」我不知道。但至少當年我也是如此。也許，這就是一本會驅動你前往遇見上帝之地的奇書吧！

自序

做夢，讓你的人生不一樣

謝謝你！當你拿起這本書，你成爲我繼續走在夢想之路的力量。

沒有人天生是勝利者，但我們都可以成爲夢想家。小時候的我，是個在教室角落不太會被注意到的孩子，功課不好、沒什麼專長，更沒什麼夢想。當我逐漸長大，看到許多精彩的故事，不自覺地迸發出許多夢想。想成爲像李遠哲一樣的科學家，想到處旅行，想改變世界。

人生必須有夢想，我們才知道要往哪裡去。從小到大，我們都是聽著別人的話，跟著前人的腳步，往同一個方向前進；卻忘了停下來想想未來、聽聽內心的聲音。其實，讓心自由地飛翔，實現每個夢想，是人生最快樂的時刻。

人生就是不停的做夢與圓夢。夢想帶我到了非洲，而非洲又給了我更大的夢想。每個旅程都是場淬鍊，讓我更加認識自己的軟弱與堅強。

我在印度街友、布吉納法索的孤兒身上，看見了眞實的永恆，讓我花了兩年時間堅持寫完這本書（沒辦法，我國文不好所以時間需要久一點……）。希望你能透過文字跟我一起經歷那些平凡而偉大的感動。

你不必跟我一樣做個醫生夢或非洲夢，但重要的是，你一定要有做夢的勇氣，你的人生可以和你想的不一樣！每個夢想的達成，必須付出代價，經歷不斷地挫折與失敗，但途中的風景，是值得一生回味的篇章。

你會從這本書發現，很多時候，夢想這條路眞的很苦。當我放棄研究生的資格，重考進醫學系，鼓起勇氣走往地圖上陌生的角落，企求看見更多、更寬闊的世界。迎面而來的卻是想像之外的淚水、憤怒與沮喪，過程中更曾產生自我懷疑與自責。但走過一切，你會發現所

謝謝你們點亮我生命中的「光」，讓我有機會上學，開啓不一樣的人生。攝影／畢嘉士基金會。

有的痛苦都化爲人生中最美的風景。

感謝上帝、我的家人、在天上的媽媽和阿婆、我的另一半；在竹中、成大、高醫和馬偕的師長朋友們，以及辛苦的商周出版社。感謝每個我愛的和愛我的人，你們讓我的人生路程充滿感動與恩典。

最後我要謝謝你——每一位讀者！因爲當你買下這本書的時候，就有一位霖恩小學的孩子，免於挨餓；因爲你的愛，他的夢想被點亮了。

寫於書前

我是，大學讀了十一年的醫生

夢想只要能持久，就能成為現實。
我們不就是生活在夢想中的嗎？
——丁尼生（Alfred Tennyson，英國詩人）

我做夢也沒想過，自己會到非洲當醫生！

別人大學只讀四年，但我卻讀了十一年。原本就讀於成功大學生命科學系，大四時，利用課堂閒暇時間，擔任成大醫院急診室和外科病房的志工，沒想到就此改變自己的人生。

那是我第一次當志工。幫病人量量血壓、推輪椅或病床、和病患聊天、整理病房公共區的書報雜誌……這些看似微小的工作，卻每每得到病友們由衷的感謝。

還記得某天在急診室門口，一輛汽車突然緊急煞車，一位年輕駕駛慌張地跑進來急喊他的弟弟癲癇發作了。

我和護理師立刻衝出門外，將正在抽搐的病人從後座椅拖出來。使盡全力抱起有點份量的病人，放下時雙手已痠到發麻。正暗自覺得倒楣時，病人的哥哥竟特地轉頭、握著我的手說：「謝謝。」

簡單的兩個字，讓我體會到「能夠幫助別人，是件極快樂的事」。於是，我的人生開始轉彎。

從一個每天專心待在實驗室中的「科學家」，轉而追求「一個感動自己與他人的人生」。

每次在當志工時，聽著某某醫生說他如何救回病危患者，或是看到病患康復離去前對醫護人員的鞠躬致謝……內心總會湧出無法言語的激動，原來，醫師與病人的情誼是這麼的深刻。

至此，我終於找到自己想做一輩子的事——站在病患身邊、握著他們的手共同對抗病魔。

沒有放棄，無法擁抱更大的夢想

成大畢業前、二十二歲的我，毅然決然放棄生科系的文憑和成大生理所碩士班的入學資格。因為我知道自己有個非完成不可的夢——重考醫學系。

這個決定嚇壞了身旁所有人。重考一年再加上就讀七年醫學系，是時間與金錢的巨大花費。同學、朋友和師長們無法樂觀看待，畢竟四年沒接觸高中課程，重考不是件簡單的事。

那時，雖然感受到不小壓力、緊張又壓抑，但我決定放手成大四年的學經歷。

「寧可做了再後悔，也不願後悔沒有做過！」年輕最大的資產，就是——做錯了，還有時間彌補。但如果今天不敢追夢，未來我可能再也沒有勇氣及機會「任性」。每個夢想的達成，必經不斷地放棄與失敗！唯有先放手，才能擁抱更大的夢想。

沒想到，知道我要重考，最支持的人竟然是媽媽。原來她早就準備了一筆錢，讓我可以不用

在自拍不盛行的年代，全家人照相幾乎都是三缺一，這張更是難得的全家福照片。

擔心讀書的費用。

這時，我才恍然大悟，從小媽媽一直叨念著：「讀書最重要。」、「只有讀書是自己的……」、「學生最重要的是先把書讀好。」……不僅是提醒我要自動自愛而已，她背後眞正的意思是說：「媽媽知道念書很重要，雖然我只有國中畢業，常被人看不起。但只要你想念書，媽媽一定會讓你一直念下去。讓你能安心念書，是媽媽唯一能給你的。」

就這樣，我踏上了一段夢想的旅程，圓一個醫生夢，甚至還有更大的夢。

一本書，讓我看見世界

在南陽街準備重考的一年裡，很多時候常會因爲旁人的閒言閒語懷疑自己、因考不好而難過，更因申請面試落榜而痛哭……覺得自己對不起所有支持我的人。可是，那一年無論摔到多深的低谷，我手中仍緊緊抓著夢想的尾巴不放。

那段時間我最期待的，便是週末走在繁華落盡的重慶南路書店街上，遠離充滿煙哨味與肅殺氣息的南陽街，呼吸屬於自由的味道。

在那裡，我遇上一本書，竟讓我就此花了八年的時間，想到非洲當醫生。

當時，我隨手買了一本《愛呆西非連加恩》，作者是連加恩醫師。這是臺灣第一屆外交替代役男在西非邦交國布吉納法索（Burkina Faso）的醫療小記。書中充滿許多令人感動的故事，其中有一句話不斷地震撼並敲擊著我：「好命的孩子應該比別人付出更多，這樣好命才有意思。」

我不能否認，能夠踏上追夢的路，實在是上天滿滿的恩典。畢竟不是每個人都像我一樣可以實現夢想。我，眞是個好命的孩子。

放眼望去，生活在臺灣的我們都是好命人，我們沒有愛滋病或肺結核的肆虐，沒有烽火的摧殘，沒有高壓極權的統治，不必舉家遷徙當難民，更能享有教育、民主、四通八達的交通和便利的醫療照護……。

然而，書中遠在西非內陸的布吉納法索，是個荒漠之地。它位處撒哈拉沙漠南面，夏季溫度高達攝氏四十五度以上，人口約一千八百萬。土地面積約臺灣的七倍大，全國卻只有二十條國道鋪設柏油路面，大多數是紅土路面。

該國約七〇％的人民沒有念過小學；近七〇％的人民住在沒有自來水與電力設備的鄉間，白天必須走上幾個小時提水回家使用，夜晚必須點油燈或手電筒照明，一個家庭必須生十幾個孩子以面對無預警的死亡。

布國在聯合國二〇一五年人類發展指數中，排名第一百八十三（倒數第六名），世界各國都有援助計畫。臺灣對布國援助與合作長達二十年，包含農業、機械、職訓、醫療、太陽能等計畫，而連加恩正是醫療團的第一屆役男。

而連加恩的父親連益雄長老，常跟他提起美國教育家——喬治．華盛頓．卡佛（George Washington Carver）的一句話：「在你所在的地方，用所擁有的事物去做些有意義的事，並永遠不以此爲滿足。」

連加恩曾在受訪時說：「我到了一個地方，離開時，那地方沒有改變，我就是白占地方；我到了一個地方，離開時，我沒有改變，我就是白混一場。」

因此，在布吉納法索短短三年的時間，他舉辦了「垃圾換舊衣」的活動，改善當地環境。並靠著教會朋友的奉獻，幫當地居民挖水井，甚至蓋了間孤兒小學——霖恩

在臺灣能與偶像連加恩見到面，是我從未想過的事。

小學，讓失親失怙的孩子有念書機會，至今已過十幾年，還在營運成長中。

他成爲史上最著名的替代役男，故事被拍成電視劇、甚至寫進小學課本，同時影響不少對海外工作有興趣的年輕人。

你願意成為「拾海星的少年」嗎？

有人質疑連加恩幫助當地人的作法是無法永續的計畫，那時他說了一個故事，我永遠印象深刻。

在澳大利亞有一個知名的海灘，聞名之處就在於每天的海浪潮汐帶來許多海星。當海星被留在沙灘上，會因太陽久晒而死，成千上萬的海星屍體成為當地的奇景。有一天，沙灘上出現一個小男孩撿著海星，將一個個丟回海裡。一旁一位老先生看到了就對他說：「小弟弟，你看看這整個沙灘的海星，你知不知道這樣做並不會改變什麼？」

小男孩指著手上的海星說：「是的，但是對這隻來說，就造成不同的命運了。」說完便將牠扔回海裡。

跟著連加恩的眼與心，我經歷了書中每個感動時分。心中萌生新的夢想：「我想付出更多，這輩子一定要去一趟非洲。想去世界的角落服務，想盡全部的力量成爲『海星男孩』，我想到非洲當醫生！」

從此，我將連加恩當成偶像、學習的目標。當時，已有一顆小小的非洲種子埋進心中，我不知道什麼時候會發芽，也不知道這顆種子竟影響我的一生。

走向地圖上陌生的角落

終於，我考上了醫科——高雄醫學大學。雖然比其他同學多花了五年時間，但人生很多時候是無法照著計畫前進的。不過，在每個抉擇的十字路口，轉動方向的決定權就在自己手中。

二〇〇五年起，高醫學生每年自主進行國際志願服務。二〇〇七年，我聽著從南印度蒙果（Mundgod）藏人屯墾區、東非馬拉威姆祖祖（Mzuzu）地區回來的學長姐們，口沫橫飛地分享著經歷：要如何寫計畫申請經費、如何找贊助募捐物資、和馬拉威民眾在河邊一起全裸洗澡、用手吃著玉米粉做成的當地食物「西馬」（Nsima）……我感到心中有一股熱血在沸騰，幻想著國際志工的生活。

在缺乏資源補助的年代，高醫的國際志工計畫多虧前衛生署副署長江宏哲，與前馬拉威醫療團團長、現任屏東基督教醫院院長，同時是高雄醫學大學附設中和紀念醫院的麻醉科主治醫師——余廣亮醫師。他們十分鼓勵年輕學子走向國際，體驗和臺灣不同的生活。

我曾問余醫師：「很多人覺得大學生出國當志工是件浪費錢的事，還不如把錢直接捐給當地。碰上什麼都不會做的大學生，還要麻煩駐外人員幫忙，爲什麼你願意自掏腰包讓學生出國當志工呢？」

余醫師謙虛地回應：「有一天我們都會老，但是這些馬拉威人還需要我們，很多重要的工作不能停，未來要靠你們這些年輕人做下去。」

他的話讓我眼眶泛紅，原來這就是一位醫者眞正的關懷。在他眼中，每個生命都是一樣的，不分種族、不分地區、不論貴賤，哪裡有需要，他就去哪裡。海外的合作與援助，一定要有延續性才能完成。

如果因爲沒有經費或沒有邦交就撤退，不僅有違當初的承諾，所有和當地居民一同奮鬥的事物，都會化爲烏有。

高醫大三時，爲了一圓國際志工夢，我報名了高醫的國際志工甄選。除了準備自傳，還要求預先了解出隊國家（索羅門、馬拉威、南印度藏人社區、北印度）的問題並擬定解決之道。

我認眞準備了大半年。經過面試，我被分配到北印度。

老實說，當下十分失落，非洲一直是我心歸屬的地點。難不成這是上天開的玩笑？讓我失去踏上非洲的機會。那時，我想都沒想過，自己最後竟然去了西非兩次……。

收拾好心情，我與三位同學前往位於印度加爾各答的非政府組織——CRAWL Society（Children Resolution and Women Learning Society）進行一個月的服務。

而印度之旅徹底打開我的眼界，我了解到何謂街友、何謂種姓制度、何謂國際志工，何謂家的意義……。

我常想，人生每段旅程都有它的意義，原本看似意外落選到印度團，卻是上天巧妙的安排，在那裡我遇見了一生難忘的故事。

右圖是CRAWL Society提供弱勢孩子非正式的學校教育。
左圖為我們在CRAWL Society的街童陪伴計畫裡，提供畫紙與蠟筆，與街童一起畫出彩色的夢想。

第1部

夢想啓程，我從加爾各答走向西非的漫漫長路

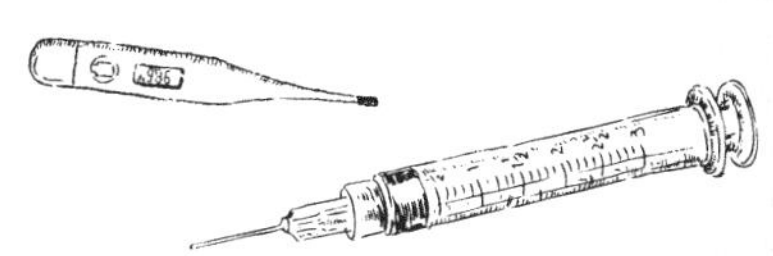

01

擁抱加爾各答街頭的傷口

我們當中極少數人能做偉大的事情，
但是每個人都可以用崇高的愛去做平凡的事。
——德蕾莎修女（Mother Teresa，諾貝爾和平獎得主）

二〇〇八年是我人生中第一次出國，就前往印度當國際志工。那裡，讓我想到德蕾莎修女在印度加爾各答的「垂死之家」。

垂死之家是仁愛修會下的眾多服務單位之一，自一九五二年德蕾莎修女創立至今，在全球七十多個國家已有近八百家安老或兒童之家等救濟院。其中，最重要的就是加爾各答的垂死之家。

有鑑於垂死之家是國際級的非政府組織，每天有近一百位來自世界各地的志工服務。我們轉而選擇另一個小型的在地組織CRAWL Society。該組織由三位女性所創辦，美國人南西（Nancy）和兩位印度人莎芭米塔（Subhamita）和卡柯麗（Kakoli），服務對象則是街友（遊民）、婦女與兒童。

一個荷蘭女孩的擁抱

一到加爾各答的頭幾天，我混身不舒服。當地髒亂的環境，行走時必須閃避糞便，不潔的空氣讓我不斷咳嗽。爲了省錢我們住在當地的小旅館，早上起來竟然手腳發癢，直到有天半夜被癢醒，才發現是蟑螂爬過我的身體……。除了對環境的不適應，我十分震驚志工的服務內容，每天都要和街友接觸。

街友身上帶著濃濃的嗆鼻異味，混著汗膿屎尿，使我無法自在地靠近他們。但志工團裡一位來自荷蘭的女孩，卻每天都跟街友擁抱，甚至互碰臉頰。

我非常訝異，難道「擁抱」也是服務的一環？我不解地詢問她爲什麼要這麼做？

「沒有特別原因，我就是習慣擁抱他們。我們的生活吃穿不愁，今天就算弄髒了，

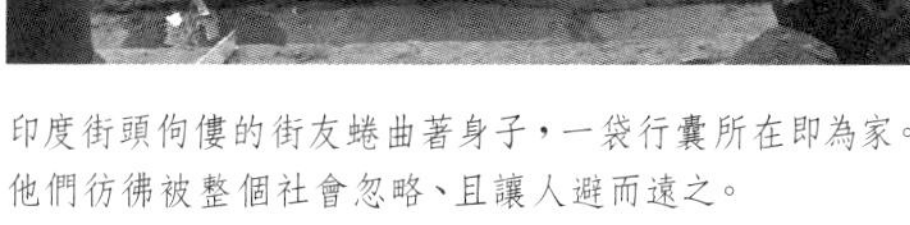

印度街頭佝僂的街友蜷曲著身子，一袋行囊所在即為家。他們彷彿被整個社會忽略、且讓人避而遠之。

回到旅館就可以洗澡。可是，這些街友卻不知道他們的下一餐，或是下一次洗澡是什麼時候。」

對於住在騎樓的街友們來說，他的家就是一塊草蓆覆蓋的面積，更遑論洗澡用的熱水、衛浴及家電。

聽到她的回答，我對於自己的驕傲與做作感到羞愧，「大老遠跑來這，我到底是爲了什麼？一個公益的光環嗎？」從那天起，我開始和街友們接觸。

我永遠記得第一次抱起不知多久沒洗澡的印度小孩，他尿在我身上的那一刻，雖然我知道自己臉上一定很「囧」，但心裡卻很快樂。我不介意衣服髒了，因爲我知道自己的內心被洗滌了、它是乾淨的，而我放下了身段！

在加爾各答短短二十幾天的服務中，令我印象最深刻的是「傷口照護計畫」——免費提供街友定期的外傷護理、換藥包紮的服務。

創辦人南西在加爾各答看到許多在火車站附近討生活的印度人，因爲意外、推擠或是幫派間的械鬥受傷、掛彩。他們多半是沒有身分地位、最低階級的賤民，當地人都不願意伸出援手。

開始工作的前幾天，不少路人對我們指指點點。一問之下才知道一般民眾認爲那些街友、小混混、毒販、性工作者和賤民們是「自作自受」。所以，不應該得到幫助，他們必須爲自己的所做所爲負責。

當下我感到十分震驚，爲什麼對自己國家的同胞帶有這樣的歧視和偏見呢？大家生活在同個時空，人命不應該分貴賤。因此，我很認同德蕾莎修女「以窮人姿態服務窮人」的信念，提醒印度人、提醒全世界：「我們是一家人。」

在當地，我們常看到在火車站內乞討的街友，被警察用木棍鞭打驅趕。說來眞是諷刺，受傷的他們只能逃到車站外、尋求外國志工們協助包紮傷口。

一個火車站，內、外形成強烈對比。

無法包紮的內心傷口

印度街友們的傷口問題相當嚴重。因爲未受過教育、缺乏傷口照護觀念，我還曾看過用「機油」當藥膏塗抹傷口的街友。

另一方面則是經濟因素，有些人就算知道要看醫生或是到藥局買藥，但是不足溫飽的他們完全負擔不起。

在印度街頭，只要彎進巷弄就能遇見當地居民。這裡的孩子並不會對外國人乞討，反而充滿好奇，因此拍照時刻他們總是熱情無比。

在加爾各答，也有其他非政府組織注意到這個問題，但或許因爲不是定點定時的醫療站，也可能街友們以爲不需要處理而沒有定期換藥。

我們不時會遇到來到簡易醫療站的街友，傷口只被包紮過一次，上次使用的繃帶一直放著沒有換藥，結果裡面的傷口化膿發炎、感染更加惡化。

沒想到，看似美意的短期志工服務，卻在缺乏後續處置和長期追蹤下，帶來更嚴重的後果。

所以，南西以附近錫爾達（Sealdah）和達姆達姆（Dum Dum）兩車站爲主，創一個定點定時而且主動給予醫療服務的「行動醫療站」。

「換藥」對我們來說是件簡單的事，在臺灣只要傷口不太嚴重，買個優碘藥水、棉

左圖為替街友服務的隨行老師陳立佳和學姐陳美中。右圖為傷口不斷腐蝕著街頭男孩的鼻骨和頭皮，除了喊痛，他無能為力。

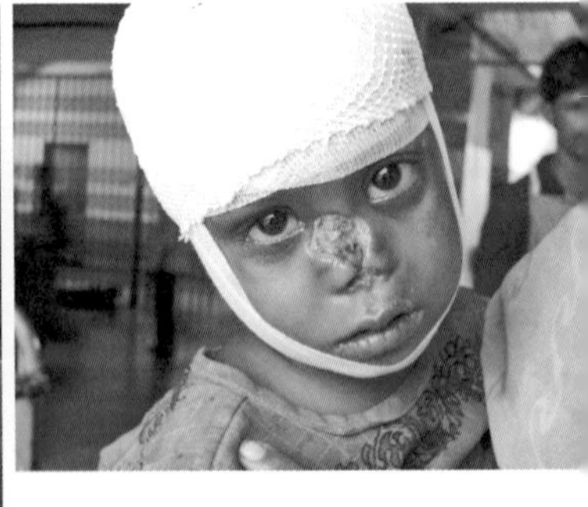

棒、紗布或OK繃就可以。但在加爾各答街友身上，是我在急診、外科時也不曾遇到的恐怖傷口。常見令人觸目驚心的刀傷、槍傷或潰爛發炎的蜂窩性組織炎。

我們必須硬著發麻的頭皮，爲他們撕開重重發黃變黑的繃帶、取下許久沒有更換的紗布，如果看到過度增長的新生組織早已把紗布咬緊，只能狠下心掀開不知是肉還是紗布的「物體」，一入目就是可見血骨的深度傷口。

我永遠不會忘記，第一次見到一位街友阿嬤腳底纏著厚厚的抹布，跛著腳遠遠走來，那條殘破的裹腳布遠比身上穿的衣物還要髒。

一掀開裹腳布，一股惡臭酸味撲鼻而來，透過口罩直接擴散進入我的鼻腔、氣管、直達肺部，讓我不由得停止呼吸。一一夾開汙黑的破布後，才發現傷口內有多隻白肥的物體在攢動、爬行。

天啊，這是一隻隻活生生的「蛆」！

當下我眞的嚇傻了，從來沒有想過一個活生生的人體內竟然會有蟲子。回神後才注意到，剛剛掀下的抹布旁，許多蒼蠅正在飛來飛去，證明阿嬤的傷口至少一陣子沒有清潔，更別說是換藥了。

每當我幫他們換藥、挑蛆時，他們只是微微皺眉、毫不喊痛，只有眼角輕輕的一滴眼淚，道出對生命困頓和絕境的無奈。

失了靈魂，我變成一個包紮傷口機器人

著手傷口照護任務兩週後，因爲每天要服務數十位街友，我已經熟練到一次處理三位患者，一個包頭、一個擦手、一個塗腳……咻咻咻俐落完成。最後甚至熟練到可以準確地將敷料、紗布、繃帶一次到位。

每次看到親手包紮的傷口，都忍不住讚嘆：「這是臺灣醫學中心等級的傷口換藥啊！」

在開始志得意滿，覺得「傷口照護組」的工作太過簡單時，我發覺自己變得不快樂了。一味追求工作的效率與速度，使我忘了自己的初心，雖然每天的志工生活忙碌充實，但我卻忙得抑鬱寡歡。

漸漸地，志工服務變成一件例行公事。

早上七點出門，經過路邊賣著烤麵包土司的小販、用木炭生火的咖哩攤、煮著又濃又香的奶茶老闆，以及一路伴隨著的車輛廢氣，擠到沒有縫隙的車潮，多到黏鞋的雞鴨牛羊豬大便……。

帶著淡然情緒的我走到火車站旁，選個不太髒也不太溼的地方，鋪好報紙、打開醫藥箱，清點手套、鑷子、紗布、藥水、藥膏，然後開始瘋狂包紮傷口。雖然我專注地處理每一個傷口，但我常懷疑這對病人是最好的服務嗎？自己的笑容溫柔嗎？有表

現出眞心的關懷嗎？

然而，絡繹不絕的街友和繁忙的照護工作，讓我無法停下來喘口氣，沒有時間面對自我的疑惑。慢慢地，我好像一個包紮機器人，我連自己是誰，都不知道了……。

我的街友老師

一切的轉折，都要感謝上帝讓我遇到他，我的街友老師。

某一天，處理完一位腳底帶著傷口的街友阿伯後，我如同平日一般揮手請他離開，但對方卻遲遲不肯離去。

我不禁抬頭望著，發現他僅披著一件「遮羞布」、還飄出陣陣尿騷味，就這麼赤腳地站在眼前。我百思不解，找了一旁的印度志工翻譯溝通，才知道他執意留下，只是單純想請我喝杯茶。

啊，我想起來了！他是我上個星期服務過的街友，今天又找我包紮傷口了。令人羞愧的是，我只專注於他腳上的傷口，想著快快結束工作，再多替一個傷口換藥，卻完全沒有看他一眼。

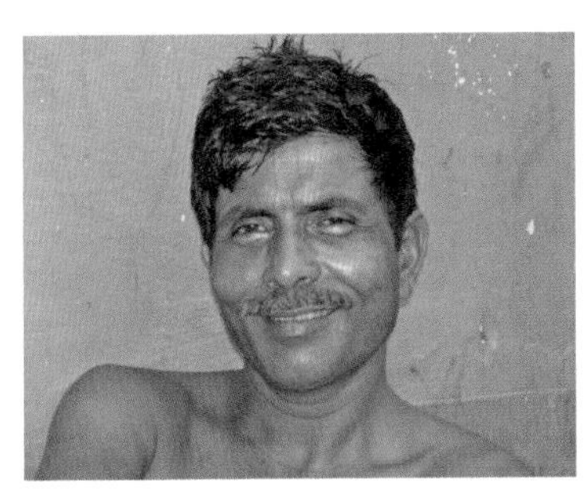

謝謝我的街友老師，「醫治」我忙碌的心。

一想到自己學了多年的醫學人文，嘴裡喊著「視病猶親」、「以病人爲中心的醫療」、「醫人而不是醫病」、「做醫師前先做人」的口號……還稱自己是國際醫療志工，一切頓時幼稚又可笑。

我帶著充分的準備、滿溢醫療服務的心情來到印度，卻在忙碌的日程中遺失了初衷，忘了給予被服務者應有的尊重與關懷。我內心一陣刺痛，當下只想逃離現場，覺得自己愧對眼前的阿伯和上天給我學習體驗的機會。

受傷的街友阿伯，手握著可能是乞討或打零工攢得的一點小錢，竟然不是添購需要的物品或獨自享受，而是給一位見面二次、低著頭只想把工作處理完打發他的醫學系學生。

對他而言，我的醫治讓他得到關懷與照護，但事實上，他的一句「謝謝」與一杯茶的心意，才是讓我獲得眞正的喜悅與感動。

忙碌又疲憊的心，在不知不覺中失去溫度，卻因爲他的慷慨分享得到醫治與教育。往後，對於每一個前來包紮傷口的人們，我都會看看他們的臉，給予一個擁抱表示我的尊重與關心。雖然治療時間拉長了，但我得到更多的感動與快樂。

在加爾各答的一個月，我體會到德蕾莎修女所說：「我們當中極少數人能做偉大的事情，但是每個人都可以用崇高的愛去做平凡的事。」

02

沒有藉口放棄的非洲行

我們的夢想都能夠被實現，
只要我們有勇氣去追求。
——華特・迪士尼（Walt Disney，至今仍是世界上獲得奧斯卡獎最多的人）

經過印度的志工旅程洗禮，我開始對國際志工有更大的興趣。在加爾各答時，接觸了不少來自歐、美、日的志工，交流中發覺他們「內心世界」好廣大，無所畏懼、不怕做夢，勇於隻身探索異文化。

可是，對於從小沒有獨自出國經驗的我而言，「一個人出國旅行」是遙不可及的夢。從加爾各答回到臺灣，我重回醫學系學生的身分，生活裡充斥著念書與考試。大四升大五的那年夏天，通過第一階段醫師國考，我進入醫院裡臨床學習，成爲見習醫師（Clerk）。

望著澄黃巍峨的高醫大附設中和紀念醫院的大門，我想起五年前的自己，當時只是個醫界門外漢，但爲了披上白袍，比別人多花五年時間，繞了一大圈終於到了這裡。

就算努力許久，但第一線面對病患時，心裡還是十分緊張。跨越在學生與醫師身分的階段，常因爲稚嫩被形容爲「活動路障」。

在手術室，我們爲了搶「內野區」觀賞主刀醫師精準的下刀風采，腳凳一個堆得比一個高。有時候不小心碰到已鋪設完備、僅有完全消毒後的手術團隊才能觸碰的神聖無菌手術台，免不了會接收到學長姐銳利眼神的「關懷」，以及「好心的叮嚀」。

來自世界的年輕人們各自有精彩的故事，讓我嚮往一段自己的旅程。

在內外科的見習中，每兩週我們就要更換大腦記憶體，從心臟換成肺臟，再從腸胃換成腎臟……每天早上七點三十分的晨會，大家總是拎著塞滿各種醫學小書的厚重白袍、掛著沉甸甸的聽診器，以及隨時準備學習的大腦到醫院報到。

至此，對多數醫學生而言，未來的道路是一片明朗。等到見習、實習結束後，通過國考變成住院醫師，接著升等總醫師、主治醫師。

然而，我的心裡卻冒出一個個問號：如果現在不去非洲完成夢想，以後眞的有機會嗎？日後的醫療生活只會愈來愈忙碌，每個月必須在醫院工作三百五十個小時……可是如果眞的要去，我應該做什麼？我能夠做什麼？出國的錢又從哪裡來？

有許多問號，在現實與夢想間擺盪，但答案不可能憑空而降，生命中的問題，唯有自己能解答。

放棄，永遠能夠找到一萬個藉口

我不斷地詢問別人意見，同時在網路上搜尋補助，意外發現「客委會築夢計畫」，一個人最高可申請三十萬元的經費，唯一條件是要獨立完成計畫。

我開始感到熱血沸騰，因爲我一直希望讓更多人知道，就算你只是個平凡的大學生，仍是可以憑一己之力追求夢想，縱使你的夢想遙不可及。像是，有些人覺得當國際志工是有大愛又悲天憫人的「有錢人」才能做的事，但事實上只要你願意，所有人都可以當國際志工。

我們生活在這個世界上，多數人都朝著同一個方向前進，卻往往不知道自己的目的地在哪，炫目的世界讓我們極少聆聽內心的聲音。

「我想走一條人煙稀少的路，體驗醫療最初的本質，所以，一生一定要去一趟非洲。」於是，我開始在網路上尋找各國的非政府組織（NGO），鎖定與孩童、婦女衛生有關的組織，中南美洲、太平洋、南非、東非馬拉威等地，逐一寫電子郵件到這些機構表明想當國際志工的熱忱。

而等待是件極度煎熬惱人的事，就像下雨天被髒汙黑水沾溼了鞋襪，卻無法立刻脫下來的那種煩悶。

「何不聯絡連加恩學長試看看？」不知哪裡來的想法，我寫了封電子郵件給他，詢問孤兒院的現況和需不需要學生志工協助。

很幸運地，當天立刻收到回信：

裕霖，您好。

我的孤兒院目前有一百至二百人，硬體還在陸續增建當中，歡迎過去看看。

這封簡短的回信，竟像支火把點燃我沉睡五年的夢想：「我要到布吉納法索當志工」。

我在築夢計畫申請截止前兩週開始著手所有的行程規畫。白天依然在醫院見習、開晨會、查房跟診……晚上則不斷詢問去過布吉納法索的臺灣人當地現況。直到申請截止前三天，我終於完成初步的計畫內容，並在截止日當天寄出「愛在45度C天空下」的計畫申請書給客委會。

我從沒想過自己會如此堅持，也深深體會到：「放棄可以找到一萬個藉口，實現夢想只需要一個理由。」我不怕失敗，只怕後悔；而勇氣與行動，往往能帶來奇蹟！

還記得前往臺北面試時，評審委員問我：「如果你沒有拿到這筆錢，怎麼辦？」我很堅定地說：「非洲是我一輩子一定要去的地方，我會用盡辦法完成。」沒想到，我拿到近二十萬元的補助，生活變得更加忙碌，開啓每天信件往返的日子。

雖然每天愈睡愈少，常常在渺無音訊的失落與等待中入睡。不過，我總是安慰自己：「夢想就像一匹狼，是不容易被馴服的」。我不斷修正計畫的細節，雖然一個人的志工計畫不可能面面俱到，但我有六週的時間可以進行深度訪談。

我看著王小棣導演的《45度C天空下》，幻想自己在晴朗無雲的西非蒼穹下，一個人騎著腳踏車，背著後背包，手裡拿著一本手扎筆記，穿梭大街小巷訪談霖恩小學的院童和家人。一邊做著衛教、一邊介紹臺灣……。

前往西非前的哀痛

我能任性地隻身前往西非，最感激的同樣是家人的支持。媽媽在二〇〇七年因病過世後，家裡只剩父親和妹妹。這次要去西非近二個月，家裡很多事都要麻煩妹妹。因爲，就在離我前往西非不到一個月的時間，最疼愛我的阿婆意外地過世了。全家陷入哀傷中。

阿婆是位超勤儉的客家婦女，雖然七十幾歲了但身體硬朗仍在傳統市場賣菜。她就像是一本「人生百科」，有著豐富的人生哲學。但生命就是如此無常又殘酷，讓我們連道別的機會都沒有。

有時，我不禁會想：「上天啊，爲什麼祢在三年內，奪走我生命中最重要的兩位女性？爲什麼祢讓我考上醫學系、穿上白袍，讓我在印度街友身上學習謙卑，讓我有到非洲作夢的勇氣，甚至讓我能跟成千上萬人分享我的故事，卻不讓媽媽和奶奶親眼見證我的成長？」

不過，我心裡知道，這其實是她們留給我最深、最重也最遺憾的禮物。讓我學會生命的無常與無奈，愛與夢想都要及時。

在奶奶的告別式後，爸爸放手讓我踏上築夢的旅程。抬手擦擦眼淚，我踏上了前往西非的班機。心裡滿滿的感謝，謝謝生命中每個愛我的人。

從來沒想過自己有一天會飛越撒哈拉沙漠。在熙熙攘攘的戴高樂機場等待時，我知道期待已久的夢想即將起飛。

實現夢想，只需一個堅持

第一次自己出國，活像個鄉巴佬，甚至連飛機起飛時椅背要先拉直都不知道。帶著衝勁與興奮，我真的要隻身待在西非布吉納法索六週了。

在巴黎戴高樂機場轉機的十個小時，莫名覺得時間沙漏流轉地極慢。

我看著落地窗將斜射的陽光切成碎片，散落在一旁席地而睡的旅人身上；以及一架架機尾藍白紅相間的法國航空班機，載著飛往南非、墨西哥、克羅埃西亞的旅客起降。

興奮的心情摻雜著緊張與擔憂，不時擔心自己打盹時隨身行李會被偷、以及走錯登機門……。

終於到了登機時刻，我像個孩子被埋在身高一八〇公分以上的各國人群中。伴著細雨離開巴黎，穿越地理課本上的撒哈拉沙漠，在星夜環繞下降落於首都——瓦加杜古（Ouagadougou）國際機場。

非洲，到了。布吉納法索，到了。

一下飛機，沒有空橋，只有迎面而來的熱風和隨風飄散的法文。

走在機場的我，仍是無法置信地想著：這是夢嗎？我眞的可以將臺灣人的愛心傳送到需要的人手中嗎？儘管充滿疑惑與擔心，深呼吸一口灼熱的空氣，踏出追趕多年的第一步，走向未知的旅程。

一路上聽著攤販的叫賣聲，不時從遠方飄來混著泥土的烤肉味。

突然感到飢腸轆轆，有什麼問題明天再想吧！我決定入境隨俗，「老闆，我要一隻烤雞。」

瓦加杜古的街頭叫賣聲，總在回憶中響起。而那烤雞的焦香味，彷彿還停留在我的舌尖。

03 「君子之國」的欺騙與希望

當你感覺萬事都和你作對時，要記住，
航機在起飛時都是逆風而上，非順風而行。
——亨利・福特（Henry Ford，福特汽車公司的建立者）

在氣溫高達攝氏四十度的炎夏，我一個人走在首都瓦加杜古的街道上。

映入眼簾的一切都新奇無比，放眼望去樹蔭下盡是聊天喝酒的市井小民，路旁的烤雞店和烤羊肉攤正用木炭生著火，轉角處是間什麼都賣的雜貨店……。路上不時會有年輕的孩子，推著比他還大的水桶賣水、賣冰。

無論是烈日下騎著腳踏車的民眾還是行人，都對我投以微笑或舉手致意：「Ça va? Bonjour.」（你好嗎？早安。）小朋友們最熱情，總是瘋狂地對我大喊：

「Nasala!」（這在當地摩西語為「白人」之意，因為布國人分不出黃種人和白種人有什麼差別。）

這時無論陽光多麼炙熱，我還是必須開心地揮揮手，說聲：「Ça va. Bonjour.」（很好，早安。）因為，如果我裝作沒聽到，小朋友打招呼的尾音會不斷拉長、一直綿延……直到我轉身舉手示意才停止。

法律規定問路要給錢？

然而，並非所有人都跟撒哈拉沙漠的烈陽一樣熱情善良。

第一次走在首都街頭，有個年輕男子不斷跟近，我雖覺得奇怪，但還是隨口向他問路後說了聲「謝謝」，便轉身想要離開。

可是，他卻異常堅持地說：「我可以當你的導遊。」雖然已經直接表明不需要他的幫忙，沒想到對方卻帶著怒氣回應：「那你必須給我問路的錢。」

孩子們總是張大著雙眼，對著你笑。他們的笑容是上帝的語言。

瓦加杜古車水馬龍的中心：聯合國圓環，象徵了這個國家長期接受外來國家的支援與幫助。

天啊，有沒有搞錯啊？問路要錢？我試著用不流利的法文和他的破英文交談，但卻只聽懂一個英文字：「Police」（警察）。

不會吧，他要叫警察過來嗎？我不給錢難不成犯法了？這個國家怎麼了，不是傳說中的「君子之國」，怎麼會有這麼瘋狂的人。

我嚇得拔腿就跑。甩掉他之後，我快步走到紀念品街，決定挑選幾張具有當地特色的明信片，安撫剛才受到的驚嚇。結果，反而更生氣、難過，因爲我在第一家付的價錢竟是第三家的「八倍」。

那一刻，我對這裡的人性失望透頂。心情實在是愉快不起來，當晚走回宿舍的路上，明明是滿天星星的夜空，在我眼裡卻是暗淡無光。

從市區走回宿舍約四十分鐘路程，每踩一步都打擊著我對布吉納法索的期待。這個國家的人們，真的如連加恩書中所說的那般純真嗎？還是十年的時間，改變了他們，學會了欺騙和貪婪？這裡真的值得我花費時間與努力幫助他們嗎？……雖然，被澆熄的熱情，似乎要多一點時間才能恢復，但我決定給自己一個月的時間找出答案。

獅子大開口的關稅

國際上政府官員的貪汙問題雖時有耳聞，但我從沒想過擔任國際志工時會遇到這樣的問題。

在前往布吉納法索之前，我先將所有募集到的物資寄出。其中，我用郵局寄出了五大箱、共三十三公斤全新的法文童書和牙刷牙膏，光是郵資就花了近一萬五新臺幣。

到了瓦加杜古的第九天，終於收到臺灣來的四大箱牙刷和牙膏，我商請法文較好的劉長浩學長幫我提領，沒想到關稅竟高達二十萬西非法郎。

為了讓布國人感受臺灣人及廠商的善意，運送時我堅持愛心物資不拆封，不希望他們對臺灣的愛心打折扣。

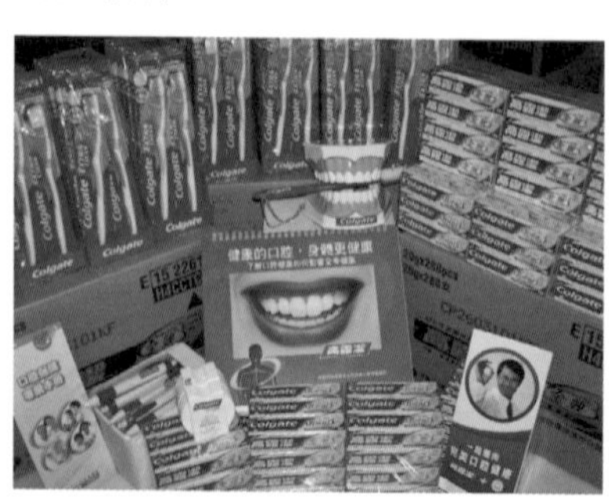

天啊，換算成新臺幣要一萬多元。這裡一般工人一個月的基本薪資才新臺幣三千元，關稅竟然就要當地人好幾個月的薪水。這未免太腐敗了，簡直獅子大開口！這讓我想起當年連加恩「垃圾換舊衣」的活動，引起了廣大迴響，還因愛心舊衣的龐大數量癱瘓了布國郵政總局。那時，同樣面臨巨額關稅和保管費的問題，在他不斷東奔西走、誠心禱告後，才出現相關人士解決所有問題。

當下，我們只能努力說服官員，表明這些物資是全數奉獻給孤兒院的「贈品」，絕不會用來買賣。但對方仍不願放行，幸好學長賣力地殺價及勸說，海關終於同意降價到三千五百西非法郎，約新臺幣二百多塊。頓時我真的鬆了一大口氣，要不是學長熱心幫忙，憑我零零落落的法文該如何是好。

那時，我想起《牧羊少年奇幻之旅》所說：「當你真心渴望追求某種事物的話，整個宇宙都會聯合起來幫你完成。」當我們義無反顧地追求夢想，宇宙間定會產生一股莫名的力量。

雖然，布吉納法索當地一些不肖的騙子與黑暗，讓我的心情大受打擊，但我感謝上帝，在我遇到困境時還能看見一些貴人與力量，重拾對人的信心與堅持。

最後，不知道大家有沒有發現，明明寄了五箱物質，卻只到了四箱。原來，其中一箱被送到別的國家、環遊世界去了，在我啓程回臺灣時還沒寄到呢！幸好，雖然多花了兩個月時間，但所有的愛心終於全數送到霖恩小學的每個孩子手中。

只有三色原子筆的醫學生

幾天後，當地的新朋友、就讀首屆一指的大學——瓦加杜古大學（University of Ouagadougou, UO）醫學系的奈亞（Neya）帶我前往他們學校，和最優秀的醫學生們一起上課。

我才知道對他們而言，教育並非唾手可得。

當地大學生必須把老師上課的內容全數抄寫下來，因爲沒有人買得起「課本」。多數人甚至只有最簡單的藍黑紅原子筆和鉛筆，少部分人才有綠色原子筆，更少數人才買得起筆袋，自動筆更是難得一見的奢侈品。

對此我感到十分訝異，連全國第一流的醫學生想要一支筆都是奢求，更遑論其他各級學子。

當天午後一陣狂風暴雨，屋外斗大的雨滴落下，把腳踏車停車場瞬間變成湖泊。布吉納法索的雨被稱爲「芒果雨」，因爲大雨總將樹上的芒果打落。

在這六〇%務農的社會裡，人們祈求夏季雨水充沛，以確保一年一穫的穀物得以收成。因此布國人鮮少躲雨，雨勢來得快、去得也快，只需在太陽下站三十分鐘，就能晒乾身上衣物，簡直是個天然的晒衣場。

一開始聽著雨打在屋簷的咚咚聲時，還別有一番風味，沒想到緊接著卻停電了。

上圖為瓦加杜古大學醫學系講堂外觀，講堂內的學生就靠手中的講義與幾塊黑板學習知識。下圖為專門培養護理人才的國立公衛學院（Ecole Nationale de Santé Publique, ENSP），就算是午休時間，校園隨處可見許多學生抓緊時間學習。

可是，教室內學生們完全不爲所動、老師繼續上課，停電對他們而言，早已是課堂的一部分，只有我這個外來人因停電感到驚慌。

此時，奈亞慢條斯理地跟我說：「在布國只要下雨就會停電，只要停電就知道快下雨了。」

在半明半暗的教室裡，每位學生的眼神都露出銳利與希望的眼神，他們來自全國數千個村落，個個都是家族的驕傲，祈望著拿到大學文憑改變未來。在布吉納法索只有三〇%的人念過小學，更別說是國中、高中，大學生更是屈指可數。

在瓦加杜古大學的芒果樹蔭下，放置了一塊「黑板」，學生們可以利用休息時間，在戶外討論課業。對布國人來說，教育不是從天而降的禮物，是必須奮力掙扎、用生命爭取的，怎能不緊緊抓住學習的機會呢？

當地的醫學系朋友奈亞笑著跟我說，當地人不常穿襪子，因為一下雨就隨時準備赤腳「渡河」了。

04

雨中騎著野狼的少年

慈悲不是出於勉強，它像是甘露從天降下塵世：
帶有雙重的福佑，將幸福賜給施與者也同樣給予接受者。
——莎士比亞（William Shakespeare，英國文豪）

布吉納法索的氣候屬熱帶沙漠，年分兩季：乾季和雨季。十至五月屬乾季，連幾個月的乾旱，會造成大地龜裂，池塘全變成乾枯的坑洞。而六到九月則屬雨季，來得突然的午後雷陣雨，由陣陣暴風開啓前奏，接著呼喚烏雲籠罩頭頂，狂風肆虐後挾帶漫天飛揚紅土，簡直像沙塵暴一樣壯觀。

遇到這種時候，千萬不要在路上行走，以免像個沙漠行者般惹來全身黃沙。最後，傾盆大雨會重擊每寸土地，聲聲打落樹梢處的青黃色芒果。

布吉納法索的雨季三部曲：狂風、飛沙、暴雨，來得快去得也快。三十分鐘的雷陣雨，行人們就要穿越小河流。右圖攝影／劉長浩。

整個國家除了二十條國家級道路鋪有柏油路面、設有排水溝，其餘被稱爲「道路」的，僅只是人車或動物走出來的痕跡罷了。就連在首都——瓦加杜古，城市中的紅土路只要短短三十分鐘雷雨，便會讓小路變河流、庭園變池塘。

布吉納法索的大雨如同當地人的性格：直率、熱情，不拖泥帶水。

大雨中野狼機車的關懷

某天晚上，我到首都一位當地的朋友家做客，飯後漫步走回宿舍，當天一陣大雨過後還緊接著幾小時的風雨。

隨口問了當地居民我唯一知道的地標——瓦加杜古大學的方位，一路上撐傘獨行。在月黑風高的夜晚，一個人走在鋪有柏油路的機慢車道，免不了心驚膽顫地邊走、邊東張西望。

約莫走了十幾分鐘，終於只要轉個彎就到達宿舍附近的大門。拖著滿腳的雨水和泥砂，伴隨著忽大忽小的風雨和閃電，我開始後悔一個人走夜路了。

暗自祈禱著雨勢快快停歇，不斷安慰自己：「只要走到大門口就安全了。」狼狽的姿態又加上遇到之前令人難過並質疑人性的事情，讓我忍不住埋怨：「來這裡是不是在浪費時間？我是不是被連加恩騙了？」

心情愈想愈糟，忽然有位穿著白T恤、騎著野狼機車的年輕男子，從我旁邊經過並緊急煞車。我嚇了一大跳，警惕著是不是什麼不良分子要跟我勒索。

沒想到他先開口問我：「你要去哪裡？」

一時被問得呆傻，我竟誠實地回答：「直走右轉。你呢？」

「我要直走，可以載你一程。」

轉念一想，滂沱大雨還是早點回到宿舍的好，便大膽地坐上他的機車，才發現他的背部全被雨水浸溼。就算我試圖用雨傘幫他擋點風雨，實在沒什麼用。到了十字路口，我本想下車了，沒想到他竟然右轉後騎了一小段路。

我趕忙說：「就在前面了，謝謝。你不是要直走嗎？」

他點點頭，似乎在說：「沒錯，但是要載你啊！」

下了車，才仔細看清他的臉孔，原來是個年紀比我小的少年，只有二十出頭吧。天空下著大雨，沒有雨具的他一路上都在淋雨。我忍不住想，「他是否也在趕路回家？

溼透的身體會不會不舒服？怎麼願意停下來載一個陌生人呢？」

雖然，共乘不到一公里的路，但我眞的非常感動。有人願意在這暴風雨的夜行路上，停下腳步，關心獨自走在街頭的外國人。這個片刻讓我一生難忘，原來關心一個人是這麼的簡單。

從他身上我體會到一件事：一顆關懷的心、一個善意的舉動，就能讓人與人的距離瞬間化爲無形。

我以法文「Merci」（謝謝）表達滿腔的謝意。他笑了笑，瀟灑地離開。我帶著微笑繼續前行，又聽到另一位機車騎士、緊急煞車停下問我：「你好！需要幫忙嗎？」

「謝謝，我家就在前面了。」

雖然，日前才因金錢利益下扭曲的人性而感到受傷，但接連兩位騎士的善意，卻讓我感動到久久不能自已。原來，連加恩所謂的「善的力量」眞實存在著，這力量不分國界、不分地位。

我思索著，如果在臺灣看到路上有人隻身撐傘行走，騎著車全身早已淋溼的我，

布國人六〇%務農，視雨水為上天的恩賜，然而無論是城市或是鄉間，總是雨後成河，增添交通的不便。

會停下來詢問對方需要幫忙嗎？我想很多時候在付出關懷前，我們早已被心中無數的藉口充斥而捨棄同理心。其實，付出關懷只需要幾秒鐘。

許多人常問我，「臺灣和布吉納法索什麼最不一樣？」我想，不是氣候與發展，而是「純眞」。剛回到臺灣時，我反而有點不習慣交會的行人們不打招呼問候、排隊時不會聊天，搭同一台電梯卻連眼神都不交流……。

一段共乘，讓我體會到人與人之間的單純，將不同國家的文化、語言、環境都消融於無形。我在這位少年的眼中，看見他對人性堅信不移的信心與關懷。而一直生活在都市叢林的我，眼中帶有什麼？我又是相信著什麼呢？

那一夜，雨，冷冷地下著；心，暖暖的跳著。

一瓶優格交到的真心好友

結束首都的志工工作後，我隻身前往古都古（Koudougou）的霖恩小學當志工，晚上就住在小學總部旁的宿舍。

不久後，門房大哥突然跟我說：「有一個年輕人每天都來宿舍找你。」乍聽到有人每天來找我，心裡覺得毛毛的，難不成我做了什麼不好的事嗎……。幾天後，我決定見見這個奇怪的年輕人。

原來，他叫做伊斯德哈（Esdras），是某次我在古都古教會遇到的大學生。當時，教會禮拜結束後，我正想踏上腳踏車離開，忽然一台機車衝了上來貼在我身旁，抬眼一看是個年輕人。

他開口表示想和我做朋友，藉此練習英文。住在首都的他，是古都古大學心理系一年級的學生。

不過，當時我因首都幾個「傷心的經驗」，潛意識地認為他可能想要我賣他手機、相機或筆電。在我慢慢騎回宿舍的途中，因口渴停下買了二瓶優格，順手和他分享了一瓶，結束這段為期半天的友情。

接下來的日子，我們不但沒見到面，我也沒有主動聯絡。直到門房大哥說他每天上門，這才不得已約了會面。

第二次見面，我不耐煩地問他：「有什麼事？」

他興高采烈地回應：「我在市場買了一件衣服要送你，因為我們第一次見面那天，你請我喝優格。」

不會吧？一瓶優格眞的是非常微不足道的東西，他竟然把它看得這麼重要！伊斯德哈送我的米白色襯衫，是由傳統布吉納布料與布吉納圖騰編織而成，這是非常貴重的禮物。一穿上，竟然意外地合身。

身為基督徒的伊斯德哈，十分懂得「感恩」與「分享」。在他身上，我學會「不

左圖為雨後古都古中央教會旁的一抹彩虹，如同內心高牆崩塌後，開闊了看世界的視野與多采。
在右圖中，可看出古都古大市場總是人聲鼎沸、十分熱鬧，展現當地人的活力與熱情。

帶目的共享」，這也是布吉納傳統最注重的「分享文化」。

出乎意料地碰面後，我請他帶我到處亂逛，我們去了古都古大學、大市場，還在湖畔喝布吉納啤酒、吃烤雞和烤魚……。

以往每到陌生的環境，我都會忍不住築起心中的高牆。但我幸運地遇到許多用生命教我相信人性的人們，像是印度的街友阿伯，讓我知道身無分文一樣能分享一杯茶；布吉納法索的雨中少年和伊斯德哈，無私地推倒我心中的高牆。

人生的安排總是無比奇妙，伊斯德哈成爲我在布國最好的朋友。

在第二次重返布國時，他還特地從別的城市來到古都古看我。至今，我們一直利用電子郵件和網路社群保持聯絡。心理系畢業後的他，順利成爲幼稚園老師、也已成家立業了。

《聖經》〈哥林多前書〉第二章九節：「神爲愛他的人所預備的是眼睛未曾看見，耳朵未曾聽見，人心也未曾想到的。」

上帝在我們的人生旅程中，不斷和我們對話，只是每個人必須用心看、用心聽，才能遇見神所賜下的美好人事物，讓我們重新體驗生命的眞諦。

一個無心插柳的分享，換來一段眞摯的友誼。不期不待，反而深刻。「有時生命中不期而遇的人，反而會成爲永遠的朋友。」

左圖為二〇一〇年，我用一瓶優格「換來」一個真心好友；右圖為二〇一三年時，我穿著當初伊斯德哈送的上衣，與他開心相會。

05

穿越五十年柏油路找「希望」——霖恩小學

一個人的價值，在於他貢獻了什麼，
而不在於他能得到什麼。
——愛因斯坦（Albert Einstein，知名理論物理學家）

我仍記得在離開瓦加杜古、前往古都古市霖恩小學的那一天，天空下起了少有的細雨。陰沉的天氣，讓我的心情不知爲何跟著緊張起來。想起當初到瓦加杜古的新奇與衝擊，這次的古都古又有什麼等著我呢？

原本計畫和當地人一樣，擠上長途客運到古都古，但在當地認識的長輩，任職首都中央醫院外科部的沙諾醫師（Dr. Sano）擔心我搭客運太辛苦，提議開車載我。

只要看過布吉納的大客運或小包車，我相信多數人都不會想體驗大人小孩、山羊公雞、腳踏車甚至機車……全擠在同一個空間。一台車裡通常擠了二十個人，卻只有幾扇小窗透氣，皮膚表面完全可以感覺到車內的空氣不停地加溫，更恐怖的是時有耳聞當地小包車翻覆……。

一條穿越五十年的道路

瓦加杜古與古都古的往返，全仰賴一條猶如時光隧道的柏油路。

當地的交通工具小包車，不僅人多到像沙丁魚一樣，裝載的行李往往比車大。

只要駛出首都往西直走，就會連接到我夢想以久的目標。一個小時的車程，高樓大廈漸少、取而代之的是由泥土砌成的土厝。一路上偶而經過幾個村落，圓圓的屋頂一個個座落在赤土大地上。

所見所聞，就如同電視劇《45度C天空下》的場景一樣。在臺灣，我已不知道在心中模擬過多少次。從瓦加杜古穿越這條柏油路至古都古，彷彿回到五十年前的鄉間，幻想著自己會遇到什麼樣的人事物。

無論這條路多麼崎嶇，我仍決定翻山越嶺、披荊斬棘，到達柳暗花明的夢土。

雨漸歇，路上陪伴我的是一望無際的紅土、麵包樹、乳油木，以及藍到像大海般的天空，飄散著純白潔淨的朵朵白雲。不久，便能清楚看見寫著大大「KOUDOUGOU」（古都古）的路牌。

緊繃數個月的神經終於獲得釋放，天啊，我到了！我眞的一個人來到了古都古！

西非荒漠上的臺灣之子

目前霖恩小學由連加恩熟識的在地牧師——宗哥（Zongo）負責一切。回想第一次見面時，沒想到他完全不會說英文、我的法文也不好。比手畫腳下，我只「看」得懂他邀請我參加當天下午霖恩小學的「活動」。

右圖為連接首都瓦加杜古與古都古的一號國道。離開國道後，大部分是紅土路，但只要兩旁有電線杆，就能經營小商店，可見左圖。

因爲，聽不出是什麼活動，我輕便地穿著短袖和海灘褲，坐上小學公務車，馳在沒有路標的紅土路上。晃搖了半小時後，終於來到傳說中、我期待已久的霖恩小學（Centre orphelinat grace divine，現已改爲：Foyer Des Enfants En Detresse-Grace Divine）。

一踏進「霖恩小學」，映入眼簾的是一棵巍峨芒果樹，在朵朵棉花糖白雲點綴的湛藍晴空下，撐起了一大片自然純淨的天。

孩子們似乎早已知道會有到訪的客人，或許是對外國人感到好奇，亦或是太久沒有看到臺灣人了，爭相與我握手。這一刻，我永難忘懷。穿過兩萬公里的旅程，歷經八個月的準備，幾百封書信往來的聯繫，我眞的來到五年前在書中所見的場景。

一來到戶外禮堂，可見布吉納式熱烈的開場氣氛，大家開心地唱歌跳舞後，牧師緩緩說著我聽不懂的話，如同我們學校週會一開始的師長致詞一樣。

左圖中，可看到孩子們在教室前，踢著一顆足球就能充滿歡樂與笑容。一看到鏡頭，就擺出各式手勢，想跟大家問好，可見右圖。

霖恩小學第一屆畢業典禮上的十三位畢業生。

不過，當我定睛一看，才發現這個活動除了孩子，同時來了許多家長呢……。

牧師請我擔任頒獎人，獎品十分有趣，是一件蚊帳、彩色筆、鉛筆和糖果。好奇詢問一位略懂英文的老師後，這才驚覺：「天啊，今天竟是霖恩小學第一屆畢業典禮！」

神啊，你是刻意讓我看見這一切的嗎？我的心中湧現一股無以言喻的感動，沒想到，自己竟然誤打誤撞地參加了霖恩小學第一屆的畢業典禮。這所小學，是當初連加恩帶著許多臺灣人的奉獻與禱告，爲許多無法上學的孤兒所蓋的學校。

那天，我在蔚藍的天空下，看見一群孩子綻放著無畏的笑容。原本連國小都無法入學的孩子們要去念國中了，他們的命運因連加恩和臺灣無國界的愛，開始不同。

此刻，我非常幸運地見證了臺灣的愛心，在遙遠西非國度綻放的剎那。

這場畢業典禮沒有鳳凰花，沒有畢業紀念冊，沒有校長獎，沒有一滴眼淚；有的，只是家長們對臺灣滿滿的感謝，以及親眼看見孩子成為家族中唯一受教育的喜樂。害羞的是，他們會看見一個飛越兩萬公里來到西非的亞洲少年，眼眶偷偷地泛紅。

一間土屋、穀倉、玉米田、芒果樹，就是一個家。

一隻雞帶來荒漠中的無私耀眼

在古都古一個月的時間裡，我除了舉辦衛教營，大部分的時間都在拜訪孩子。希望透過自己的每一步，將衛教、禮物和關懷送到每一位學童家中。每一次，我會用文字、影像記錄每個家庭成員的喜怒哀樂，了解他們背後的生命故事。

實際走一趟後，我被他們匱乏的環境所震撼。所有孩子都是住在傳統的「土房」裡，家中除了沒有自來水和電力，有些人甚至沒有椅子。

爲了我這位外來客，他們想方設法地跟隔壁鄰居借椅子……我一律婉拒表示可以直接坐在石頭上，或是大樹下進行訪談。我並不尊貴，和他們沒有什麼不同。

因爲家中沒有電視、報紙，不知道外國人長什麼樣子，孩子們總會站得遠遠地看著我，年紀更小的都會蜂湧上前、想摸我的皮膚到底是不是眞的。

我遇見了一位十一歲的小女孩——西西莉（Cécile Zongo）。她的父親過世多年，家中只有媽媽和八個哥哥姊姊，平常最疼愛她的人就是阿公了。

他們和其他院童一樣住在沒水沒電的土房中。小小年紀的西西莉，最拿手的竟是燒飯煮菜。因爲是家中老么，沒有多餘金錢讓她上學，所幸靠著霖恩小學的幫忙，讓她圓了讀書夢。

西西莉開心地和我說：「未來她要當小學老師，幫助跟她一樣原本不能念書的小朋友。」

沒想到訪談結束時，熱情的阿公抓了一隻活生生的雞要送我，謝謝我從臺灣來看這些孩子，謝謝我到他們

西西莉和阿公送給我的雞。

的家中作客、拜訪。

我看見阿公眼中純粹的感謝，如同沙漠中綻放的花朵般耀眼。明明家裡的孩子們不知道多久沒吃到雞肉了，而這隻雞可以是西西莉家中另一項經濟來源……。

我知道，這不只是一份對我的心意，更是阿公對霖恩小學的感謝、對所有臺灣人的感謝。當地人送禮習俗是不能拒絕的，如此才算對得起主人。我滿懷謙卑與尊敬地收下阿公的大禮，眼眶不禁又紅了。

在訪談過程中，我收了很多禮物，像是洋蔥、雞蛋和雞……。我謹記每個人的心意……至於阿公的雞，我則轉送給霖恩小學加菜囉。

「我只想要一台腳踏車。」

在記錄孩子們的生活點滴時，我都會好奇地問他們：「想要什麼禮物？」沒想到清一色的回答均是衣服或腳踏車。畢竟，一個十幾、二十人的家庭，可能只有一台「古董」級腳踏車。住在城裡或有穩定收入的家庭才買得起機車，轎車更是有錢人才有的奢侈品。

在這些孩子中，我永遠記得一位十二歲的弟弟笑著跟我說：「好想要一台腳踏車哦，因爲我每個月要去市區的醫院拿藥。」

照片中年僅十歲的男孩，提早進入現實的人生。路上的車輛來來往往，而孩子啊……你的未來又要前往何處呢？

陽光的笑容，完全想不到他在媽媽體內便垂直感染了愛滋病（AIDS）病毒。每個月阿公爲了替他拿藥，必須在蜿蜒的紅土路，騎上一個半小時的腳踏車，才能到達古都古的市區醫院。

弟弟知道自己的病情，想幫阿公分擔辛勞，才會希望有台腳踏車，就可以自己騎車拿藥了……多麼早熟又令人心疼的孩子啊！

雖然沒有錢買玩具或布偶，只要利用稻草、樹枝，就能做出專屬自己的洋娃娃。

他讓我想起在古都古幫忙修理腳踏車的男孩只有十歲，從來沒有上過學，只能在腳踏車行當學徒。在這裡，孩子被迫提早面對生活的現實與殘酷。

每位霖恩的孩子都來自破碎的家庭，缺少父愛或母愛的童年，養成他們獨立又懂事的性格。「在這裡，愈是一無所有，愈是懂得感恩分享。」所幸，人生中的不幸和缺憾，並未讓他們失去希望。路再難走，他們也不會放棄，因爲他們知道，背後永遠存在一股力量——來自臺灣與上帝的愛。

06
遇見「心中綠洲」的時刻

信仰是心中的綠洲，
思想的駱駝隊是永遠走不到的。
——紀伯倫（Khalil Gibran，黎巴嫩詩人）

一直以來，我都沒有特定的宗教信仰，正確地說，我什麼教都信。在臺灣，我會到廟裡拜土地公、到寺院禮佛，也曾和朋友一起唱詩歌；在印度，跟著印度教的朋友進行拜火儀式，向濕婆神、象神致敬。

來到古都古之後，因每週日上午得空，我就到教會參加主日禮拜。在這裡，不知爲何地我從來不會擔心陌生環境所帶來的孤獨與恐懼。

古都古中央教會。信仰讓人即使處在艱難的環境，也能不放棄希望。

如果神賜與一個願望，你的願望是？

就在去了幾次教會後，一個週日的凌晨，我做了一生最重要的夢。

在夢中，我不斷地收集拼圖、突破一個個關卡。因爲只要完成手中的拼圖，就可以召喚神並獲得一個願望。夢中我拼上最後一塊拼圖後，霎時天空一片漆黑，密布的烏雲中降下一團紅黃色溫暖的光。我有種感覺，這是神。

祂忽然開口說話：「你想要什麼？」

我嚇到了，這是多麼難得的機會。以前我不管怎麼求、怎麼拜，從來沒有神明走進我的生命中，讓我忍不住心想：「一定要把握這個機會，許一個讓我一輩子有用的願望。」

「我要一把世界上最強、最強的劍。足以讓我克服往後所有困難。」夢中的我，還處在獨自身處異地的無奈與徬徨。

語言不通的非洲之旅，不但遇上恐嚇的惡徒，就連騎過的腳踏車、搭乘的汽車輪胎，都不斷壞了又換；霖恩小學的公務車還因載了我一程而莫名壞了……。

最讓我沮喪的是，用了五年的相機，偏偏在布吉納法索「宣告不治」，再加上數晚與三、四十隻蚊子作戰而無眠的日子……「如果我有一把世界上最強的武器，什麼問題都能解決了吧。」

此時，我看見身旁一位雙手被捆綁、跪在地上的小男孩說：「我要一本能使所有人感到快樂的書！」

天啊！我的身體被他的話所震懾，完全動彈不得。一時之間，我無法反駁或忽視他的回答。一句話喚起心中一個微小的記憶：一個純真的小男孩說他想要拯救世界，想讓全世界的人快樂。

但，我眞的要把神賜與的願望，用在一本書上嗎？

天人交戰了一會，我決定順從自己的內心，大聲說出：「I want a book which makes everyone happy!」（在夢裡我眞的說著英文，因爲在布吉納法索每天只能說英文呀……。）

話一說完，光及烏雲都不見了，唯獨在地上留下一本書。正當我趨前，想看清楚書名時卻醒來了。

爲什麼做這樣的夢？夢中的孩子又是誰？

想起自己的心中，也曾住著一個小男孩，懷著讓全世界快樂的夢想。雖然如願成爲醫師，走在美夢成眞的道路上，遙想著只要一步步向前，未來我將有更大的能力做更多事……然而，我卻在不知不覺中，只想讓自己變得更厲害，成爲更強大的人，才會請求神給我更多力量。

我相信，夢中那位無助的孩子，是在提醒我從醫的初衷，不是爲了成名、不是爲了自身的力量，更不是爲了偉大的成就，而是爲了讓每個患者獲得快樂。此時，我再次聽見內心最深處的聲音：「當醫生是爲了讓每個人有健康的身體，足夠實現自己的夢想。」

天使在人間

當天夢醒後，我仍舊前往市區教會參加主日禮拜。雖然，還是聽不懂禮拜的內容，但聽聽詩歌卻能讓我放鬆週間緊繃的神經。

那天中午正好是我安排許久的飯局，相約了臺灣醫療團的謝聰哲學長和日本國際協力機構（JICA）的志工 Aya 見面、認識。飯吃到一半，學長突然接到一通電話。

原來，是由黃國光老師領隊的致理科技大學資訊志工團，其中有部分成員來自臺北市的雙連教會及大安教會。他們正要從西部卜卜迪拉索市（Bobo-Dioulaso），回

我永遠記得走進我生命中的那團光，猶如布吉納法索的陽光照耀著赤土大地一般，溫暖地照亮我的心。

到中部的瓦加杜古，途中正好經過古都古市，想要順道將來自臺灣的愛心物資奉獻給霖恩小學。

一聽到這樣的好消息，我立刻騎上腳踏車，帶領他們前往霖恩小學辦公室。沒想到黃老師開口邀請我加入他們位於首都的衛教營團隊，協助介紹臺灣和口腔衛教。眞是太好了，能讓更多小朋友們看到我跋涉千里帶來的教具，更具意義。我立刻隨手抓了件衣服、褲子，快速收拾教材，便急忙坐上休旅車前往首都。

車程中，我開心地跟大家分享當天凌晨所做的夢。沒想到，教會的弟兄姐妹們立刻興奮地跟我說：「裕霖，這是個很棒的夢啊！我們聽了都很感動，全身都起雞皮疙瘩了。」

我不解地詢問：「可是，當我走向前想看地上那本書時，夢就結束了。我還是不知道這本書是什麼？就算想了一上午，還是不知道什麼書能讓全世界的人都獲得快樂。」

他們彼此互看了一眼，「你夢裡的那本書，就是——聖經。而且你指的 everyone（每個人），其實也包括你自己！」

天啊！我整個人嚇傻了，腦門彷彿被重物直擊、身體像被閃電打中一般，一陣感動的戰慄直襲全身。

整件事情已不是人類智慧所能推算，眞的是「神」的安排嗎？是否就如《聖經》〈箴言〉第十六章九節所說：「人心籌算自己的道路．惟耶和華指引他的腳步。」難道，

上帝使用純雅姐成為福音的出口，影響我的一生。自二〇一〇年起，這本聖經就走入了我的生命，並陪我走在攝氏四十五度的炙熱天空下，化為感動人心的力量。

從臺灣到霖恩小學的一路上，神都與我同在？

我試著分析這一切的巧合。如果我沒看過《愛呆西非連加恩》；如果三年前我不去印度、改去馬拉威圓非洲夢，還會獨自申請築夢計畫來西非嗎？又如果我的築夢計畫決定去美國哈佛醫學院或是南美洲當志工呢？亦或是我在這天沒有約定飯局，還能巧遇黃老師嗎……？

人生眞的有太多太多的「如果」，又有誰能告訴我，兩位臺灣人能在西非相遇、共享夢境的機率是多少呢？

這一切迫使我不帶任何立場，相信內心當下的感受。然而，我的感性與理性不斷拉扯著，理性告訴我：「這可能就是一千萬分之一的巧合罷了。」不過，如果故事到此結束，我仍會和以前一樣是個多神論主義者。

隔天，宗哥牧師來到首都載我回古都古。正當我要告別致理團隊時，純雅姐妹出現了。

「裕霖，我昨天聽了你的分享，心中有個念頭要爲上帝做件事。這是我自己用了八年的聖經，雖然裡面有些註記，不過我想上帝讓我對你的夢有感觸，就是要我把自己的聖經送給你。」

一本中英文版本的聖經交到我手上，一翻開，看見純雅姐寫下的一段經文：「我們曉得萬事都互相效力，叫愛神的人得益處，就是按他旨意被召的人。」（〈羅馬書〉第八章二十八節）

事已至此，我無法再否認眼前的一切。

神，用祂大能的手，將我從臺灣拉來布吉納法索，爲了讓我認識祂、爲了將一本沉甸甸的「聖經」放到我的手中！慈愛的神，知道我是個門外漢，不能參透夢境，所以派遣天使回答我夢中的疑問，更將異夢化成現實——將「聖經」送到我面前。

我相信命運、相信很多事情是天註定的，只是從沒想過會發生在自己身上。在西非時，這本聖經從不離身。回臺灣後，我開始上教會、開始讀聖經，我想知道神在我生命中的計畫是什麼？我被創造來這個世上的目的又是什麼？

人與人的相遇、每件事的發展，其實沒有偶然、皆環環相扣。大學念了十一年、從一本書認識連加恩、堅持來西非築夢，從臺北、巴黎、瓦加杜古到古都古霖恩小學……這一路上，遇到的人事物，都是神的巧妙安排。

感謝神在布吉納法索讓我經驗一切的美好，並且賜給我一本生命中最有份量的書！

07 上帝要我再去一次西非

凡事都有定期，天下萬務都有定時。
生有時，死有時。
——《聖經》〈傳道書〉

在西非一個月的時間裡，除了在首都、古都古及霖恩小學進行口腔衛教、參訪一些非政府組織外，花費我最多時間的，便是進行霖恩孩子們的家庭訪談。

十五公里的上學路

十八歲的羅傑（S. Roger Tiendrébégo），是霖恩小學六年級學生。

父親去世，和母親、三位兄姊一同住在村子裡。他最崇拜的人是四十七歲的堂哥，兄代父職辛勤工作照顧他們一家人。因爲家裡沒錢讓他念書，直到霖恩小學發現當年十三歲的他，才有機會上學。

訪談時，我希望孩子們更加認識並肯定自己，所以總是問他們：「長大後想做什麼呀？最滿意自己什麼地方呢？」有一次，我不知道怎麼回事，竟然脫口而出：「你平常最喜歡吃的東西是什麼呢？像我的話，最喜歡雞肉了。」

這個意料外的提問讓羅傑愣了一下、想了許久，彷彿是個無解的難題。最後，他緩緩冒出一個字：「飯。」

天啊，當下我眞想找個地洞鑽進去，自己到底問了什麼笨問題！

霖恩小學雖然提供二十三名家境較爲貧窮或僻遠地區的孩子住校，以及免費供應三餐。但羅傑和剩下六十位孩子一樣，每天必須走上一個小時的路上學，一天通常只有兩餐——免費的學校中餐和放學後的回家晚餐。

爲了節省穀物，當地人的主食是玉米粉粿（Tô，中文念作「豆」），只需要一點點的玉米搗成粉狀，再加上大量的水煮成像臺灣「碗粿」一樣的粄食。

對羅傑來說，一天若能吃上三餐而且是米飯，就是神的恩典了。我這個白目自大的「好命大學生」，竟然犯了晉惠帝「何不食肉糜？」的錯誤。問題一出就讓我愧汗，提醒自己要更謙卑學習、隨時抱持同理心。

而另一位十八歲的考拉（Raould Koala），則有不同的煩惱。

母親因病去世、爸爸再婚，家中一共有九位孩子，他非常感謝繼母待他就如親生兒子般疼愛。但跟考拉訪談的過程中，他一直低著頭，眼神流露著深不見底的空洞與絕望。

已經十八歲、面臨畢業後升學還是就業壓力的他，不像其他低年級的小朋友，就算踢著一顆破掉的足球依然活力十足，在學校有書念、有飯吃就很開心。

沒有考上國中、無法升學的考拉，想當電工焊接師傅，夢想開一間小店。但沒有資金、沒有技術、沒有學歷，對他來說，開店是個遙不可及的夢想。

而且訪談中，我發現有十三位考上國中的孩子們，明明應該興高采烈地，卻都愁眉苦臉的。原來，從村子到古都古市區的國中是超過七公里的路程，一天來回十五公里，全靠自己的一雙腳。

在大樹下與羅傑訪談時，他十分擔心上國中後的交通與學費問題。右圖則為羅傑全家福照，左一為兄代父職的堂哥；前排右一則為羅傑的母親。

即使在炎熱的天氣下進行衛教，孩子們仍非常開心地拿著教具和我合照。

霖恩小學收容的都是付不起學費的學生，怎麼可能付得起更昂貴的國中學費呢？這些孩子爲了受教育，必須付出比一般人更辛苦的代價。

我把孩子們的苦惱全放在心上了。一回到臺灣，整理好當地的訪談資料交給臺北榮星長老教會，同時極積地向朋友們說明這些畢業生的困境，在很短的時間內便募集到購買腳踏車的費用，讓他們至少可以騎車到市區念國中。

有意思的是，我第一次參加榮星教會的聚會時，當天主日的經文是〈啓示錄〉第三章二十節：「看哪，我站在門外叩門；

若有聽見我聲音就開門的，我要進到他那裡去，我與他、他與我一同坐席。」

這讓我再次感到一股神祕的力量。從西非荒漠到臺北一間小小的教會，是主耶穌在對我叩門嗎？握著手上這本從西非帶回臺灣的聖經，我想認識走進自己生命中的神是什麼，期待更多故事在我身上醱酵。

重返我的「伯特利」

重回臺灣忙碌的實習醫師生活，每隔三、四天就要住在醫院值班。值班夜，運氣好的話可以睡上四小時，運氣不好常是徹夜未眠。連續上班三十六至四十小時沒闔眼已是常態，算算一個月的實習薪水，時薪可能只有四十五元……。

這般辛苦，總是讓不少實習醫師忍不住抱怨工作量及「如履薄冰」的醫病關係……慶幸的是，因爲走過印度與西非，讓我心中常懷安定，我相信神不會給人無法克服的考驗。

從西非回來後，我學會珍惜和每個生命交會的

第一次到榮星教會分享霖恩小學近況。當時沒想到，三年後我會在榮星教會受洗。

時刻。面對每一次生死交關的急救，心中總默念著：「親愛的天父，請祢保守我眼前的生命，如果祢在他的身上還有很多計畫，請祢讓他留下；如果祢對他有其他的安排，就請讓他沒有痛苦的離去，並到祢的身邊。」

信仰，讓我在處處充斥生命交關的白色巨塔中，得到坦然與釋懷。

即使醫院見習生活忙碌，我仍會擠出時間鼓勵學弟妹們勇於挑戰國際志工，給自己一個成長的機會。看著更多年輕學子投身海外志工，圓一個服務他人的夢想，我的心中滿是欣慰。

只是，自己不時會想起霖恩孩子們那一雙雙熱情與活力的眼神，難免羨慕起那些背起行囊前往海外的年輕志工們。

在畢業拿到醫師執照、並在馬偕紀念醫院完成一年期訓練後，我做了與連加恩同樣的抉擇——報名二〇一三年的外交替代役。而醫學系畢業有三個非洲國家可報名，到底該選哪一個呢？

我試著從神的話語中尋找解答。就在我讀《活潑的生命》〈創世記〉第三十五章一節：「神對雅各說，起來，上伯特利去，住在那裡；要在那裡築一座壇給神，就是你逃避你哥哥以掃的時候向你顯現的那位。」

我嚇傻了！

因爲伯特利的意思是「神的殿」，也是聖經人物雅各第一次「夢見神」的地方。

這是我第一場在高醫大辦的分享會。我永遠感謝這群最親愛的朋友們，沒有你們的支持，就沒有接下來近百場的分享講座。

整本聖經共三萬多節經文裡，我竟然在煩惱要挑哪個國家的當下，看到這句經文，神在對我說：「你要回去第一次夢見我的地方。」

繼續往下讀，〈創世記〉第三十五章二、三節說：「雅各就對他家中的人，並一切與他同在的人說：『你們要除你們中間的外邦神，也要自潔、更換衣裳，我們要起來，上伯特利去。在那裡我要築一座壇給神……』。」

天啊，我從布國回臺後，雖然有很多教會朋友鼓勵我信主，但我仍是不爲所動。可是，此刻我只能投降了，因爲神在對我說：「要自潔、更換衣裳。」也就是叮嚀我必須先「受洗」再前往。

於是我堅定地填下布吉納法索，

很意外地，布吉納法索有五人報名，二位報名者具備醫師執照爲第一順位，因此我順利錄取了。後來我才知道，如果當初塡了其他國家，便會需要用抽籤決定了，能不能抽中都是未定數。

出發前，我在臺北榮星教會受洗，將自己完全獻上。這一次，我要沒有任何遺憾地重返布吉納法索——我的伯特利。

二〇一三年，我帶著全新的視野與自己，重返布吉納法索。

第2部

那一年，我帶著聽診器擁抱地獄與天堂的日子

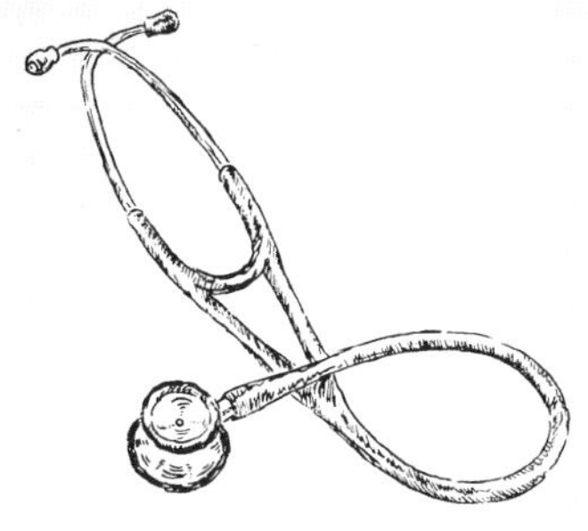

08 重返布吉納法索，找回靈魂一角

世界上唯一有價值的東西，
就是一個人充滿活力的靈魂。
——愛默生（Ralph Waldo Emerson，美國思想家、文學家）

我永遠記得第一次到布吉納法索時，在便宜的小旅館裡，度過每個沒有蛙鳴、沒有徐風，只有悶熱溼褥的夜晚。連當地的朋友都忍不住問我：「為什麼不住好一點的地方呢？」

我苦笑回答：「我只是個學生，錢並不多。」我猜想，他心中一定感到納悶，沒遇過這麼窮的臺灣人吧……。

老實說，我不像旅遊頻道裡熱血帥氣的主持人，可以輕易地融入各地文化；更不是可以自在地獨自旅行的背包客。

走向陌生國度、擔任國際志工時，也曾自我懷疑、迷失方向、氣力放盡而忍不住低頭。但只要想起每個掛著笑容感謝我的孩子與心中信仰，就足以讓我重新抬起頭，提起勇氣面對不時的寂寞、喜怒哀樂和高潮低谷，重返布吉納法索。

遺留在布吉納法索的靈魂

二〇一〇年回到臺灣後，我開始透過許多演講與分享會，述說著印度和布吉納法索的點點滴滴。看著當時的相片與影片，總會回想起當年汗流浹背的沉重腳步與人們的熱情喧擾。但恍惚之中總覺得遺漏了些什麼，卻

孩子笑容裡的力量，讓我有勇氣重返布吉納法索。攝影／馮毅夫。

怎樣都想不起來。

直到我以替代役身分回到闊別三年的布吉納法索，從瓦加杜古機場走下飛機的那一刻，我終於明白了！原來自己一直想要喚起的記憶，是布國街道上混著紅土、麵皮、各式烤肉的獨有「味道」呀！

一下飛機，在炙熱中踽踽而行，反讓我有種熟悉的感覺。

懷抱著興奮的心情等候入境，海關心不在焉地翻著我的護照，一開口就是和我要錢。左右張望下才發現自己是最後一位入境的旅客。天啊，不好的回憶全湧了上來，人性、貪婪、欺騙……伴隨空氣中的味道，從鼻腔直竄大腦的長期記憶區，提取出血淋淋的心痛和恐懼。

在震驚之下，我佯裝聽不懂後加速離開。

坐上醫療團座車，從首都前往古都古的路上，腦海裡的場景湧現，對應窗外景色多了不少驚喜：市區紅綠燈變多了，國道一號更寬敞了……不知道那些老朋友們還好嗎？

車程中，我時而淺眠、時而清醒，一時

布吉納法索醫療團役男整裝上工。左一為開心果劉平成醫檢師、左二為資深文青的張凱評醫師、左三則是武術高手口腔外科何宗訓醫師。

之間分不清自己在臺灣還是布吉納法索。突然間想起曾於非洲行醫十三年、擔任臺灣醫療團團長，現任臺灣健康服務協會執行長——陳志福醫師說過：「一旦你去過世界的另一端工作過，你的靈魂就會有一部分停留在那裡，工作累了想要回家，但眞正回到了臺灣，卻又覺得自己遺留了什麼東西在那裡。唯有再回到那個簡陋、充滿各式各樣異味的地方，你的靈魂才會完整。」

我在回到布國的第一晚，好像有一點懂了那所謂「漂泊的靈魂」。

一段生死之別的長廊

這次重返布國，雖然多了「醫生」的身分，要以醫療團役男身分度過海外醫療體驗共三百多個日子，但還是希望當地朋友、霖恩小學的孩子們叫我英文名字「Jimmy」。因爲身分不管怎麼變化，我對這塊土地的感情永遠一樣。

醫療團所在地是位於古都古市內最大的醫院——友誼醫院（Hopital de L'amitie），首要進行醫療外交和人道援助的第一線工作。

我們的醫療團就位於古都古友誼醫院旁，主要協助友誼醫院醫療業務、鄉村義診與教育訓練班。

每天穿越團部圍網鐵門到醫院看診、幫患者換藥的我們，要面對的第一難關，就是陌生的方言——摩西語（會說法文的人實在太少了）。以及不時會遇到在臺灣幾乎絕跡的疾病，患者和當地醫護人員過高的期待，家屬買不起藥物的無奈，還有更多人需要走上一天一夜才能看我們幾分鐘的艱辛……。

友誼醫院由一條歷經二十多年的中央走廊貫穿前後門，再由長廊往左右延伸到各科門診及病房。

我常常坐在長廊上，看著布國民衆不斷穿梭來往。爲了千里就醫、交通往返的回診壓力，他們會用五彩繽紛的非洲布包著大小家當，累了沒地方睡就席地而歇。

左圖為友誼醫院的大門。右為貫穿醫院的中央走廊，究竟看盡多少悲歡離合呢？

患者住院，陪診的家屬會把全部家當搬來醫院「定居」，在樹下直接生火煮飯。右圖為家屬們利用空地洗衣、晾衣；攝影／蔡斗元。

某天診後，我看見長廊上四人合力推移著一張病床。孱弱的身軀，蓋著一塊藍、紅、黑等素色的簡單布料。我和家屬在長廊上擦肩而過、緩慢地走回團部，他們則是不發一語地推著病人往醫院外的方向離開。

一股莫名的沉重緊緊揪著我的心臟，我知道，一個生命已經離去。

對於生死之離，布國人不像臺灣，沒有西裝或黑衣白手套，也沒有誦經或助念，更不會哭著大喊親友的名字。一路陪伴在床的，唯有臉上帶著淚痕、哀慟的家屬，除此之外，沒有任何訊息顯示病床上的人已經永遠離開。

醫療團已退休的婦產科王醫師曾跟我說：「我在這裡十幾年了，看過很多胎死腹中的生命，卻從來沒有看過一位媽媽掉眼淚。」

這是一種豁然？還是對下一個生命的盼望呢？布國人民的平均壽命只有五十八歲。在面對喪禮和忌日時，除了哀傷，他們會唱歌、跳舞或喝啤酒狂歡，表現出開心熱鬧的一面，就爲了讓逝者安心離去。

生命無法掌握，他們選擇用微笑度過每分每秒。對生命的淡然，是因爲無能爲力，還是放下對「生」的執著？我想，知道答案的或許只有那條走過許多生死的長廊了……。

不急的急診室

在布國的醫療第一線，讓我不僅開了眼界也震撼了內心。

某天我在醫院急診室看到一位年輕女性，不斷在病床上翻來覆去、滿臉痛苦，正用盡全力地呼吸著空氣。

「氣喘發作吧……」我猜想。在臺灣遇到這樣的患者，我們會快速提供氧氣，以及連續性吸入型的支氣管擴張劑，並注射類固醇針劑快速抑制發炎反應。

但在友誼醫院的急診室，我左看右望才終於盼到護士慢吞吞地翻查著病人，十幾分鐘過去了，卻只完成一個動作——量體溫。接著，護士便放任病人繼續躺在床上扭動掙扎。

當下看得我快吐血了，明明病人已經快缺氧，當地醫師人員卻看似毫無作爲。此時，我的腦中已經在盤算，如果病人眞的吸不到氧氣甚至窒息缺氧，要不要衝上去直接插手治療？還是交給當地醫療人員處理呢？

我的內心十分掙扎，擔心自己魯莽的行爲會違反醫院的規定。

在醫療外交裡，我們的責任、義務都有其規範；另一方面，國際合作的目標是讓在地國家獲得自我提升能力，而不是代替當地醫療人員。但是人命關頭，身爲醫者無論在何時何地，我們都必須在放手前，緊緊抓住每個生命。

所幸十幾分鐘後，一位家

生死交關的急診室。

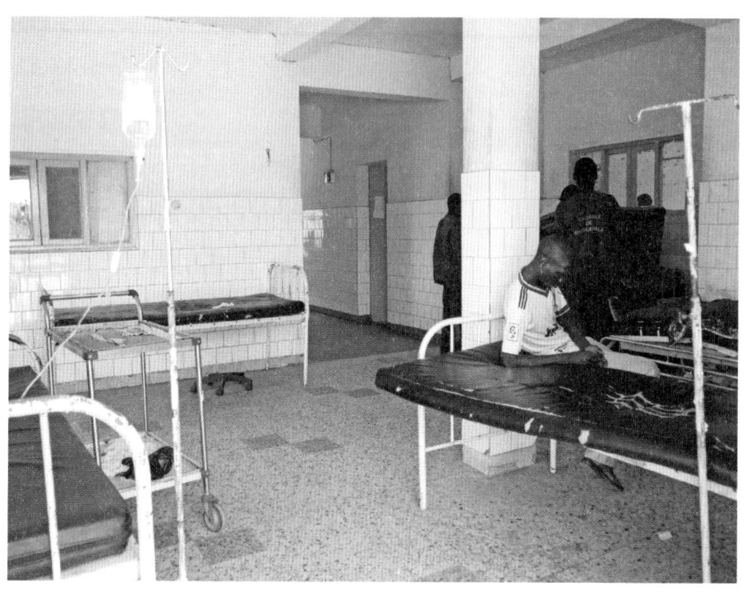

屬急忙跑來，將一小瓶「支氣管擴張噴劑」塞到病患口中。

接下來的二十分鐘，病人靠著僅有的一小瓶噴劑努力「活著」。在我治療完門診病人後，回頭前往急診室，卻再也找不到那位氣喘患者了。我暗自爲她祈禱，希望她是因症狀改善而順利離開急診室。

布國的急診室如此「不急」是有原因的，當地實行徹底的醫藥分業，急診室醫師診查完只會開立處方箋。

接下來，端看家屬能用多快的時間、有多少錢買到藥物回來，就決定什麼時候開始治療。只是如此一來，或許會讓第一線醫護人員因而錯過黃金治療時機。

受過臺灣醫療訓練的我們，往往必須面對天人交戰的時刻，「要不要先用醫療團的資源幫忙？如何在不影響布國既有的醫療文化下給予協助？開啓先例後，會不會有無窮無盡的患者要求相同待遇？」……在國際醫療外交上，雖然有多少能力幫多少忙，但其中的分寸拿捏就必須靠智慧了。以免因爲多幫了一個人，而剝奪往後更多人的治療機會呀！

09 「無止盡分享」才是眞正的大愛？

偏見是一種負擔，它混淆過去，威脅未來，並讓我們無法掌握當下。

——瑪雅・安吉羅（Maya Angelou，美國作家和詩人）

布吉納法索——我實現夢想的地方，也讓我第一次遇見上帝。在夢中，我不知模擬過千百回，像日劇《醫龍》一樣，在荒漠中拯救生命、在戰火中與死神拔河。然而，現實與夢想總是有段距離。

布國和臺灣不同的醫療環境，讓我吃盡了苦頭。

人性與夢想間拉扯，我變成一個「行動藥局」

在友誼醫院，我們的團長黃其麟醫師（一九九四年遠赴非洲投入援外醫療至今），讓醫學役男擁有極大的自由。

我們不但擁有自己的診間照顧病人，還可以決定何時提供醫療團內免費的藥物或檢查給有需要的老弱婦孺。因此，江湖上盛傳古都古友誼醫院有「不需掛號費又可免費拿藥的醫生」，造成我們的「生意」一向很好。

雖然知名度很高，可以讓有需要的患者比較容易找到我們，但如何篩選出眞正在病情與經濟上需要幫忙的患者，一直是個大難題。

在醫療團資源縮減的狀況下，必須節省每一分來自臺灣納稅人的血汗錢。二〇一四年起，我們不再提供免費藥物、紗布和藥膏。這樣的作法，引起許多老病患的不滿：「以前的醫生都會送我藥和紗布，爲什麼你不給？」

從他們話語中，我知道自己變成一個討人厭的醫生了。但我從醫的初衷，不就是希望每位病人擁有笑容，可是眼前的病人卻一點也不感謝我……「是我錯了嗎？我該給還是不給呢？」

除了患者把我當「許願池」，就連在地醫護人員也把我當成有求必應的「聖誕老公公」。肚子不舒服的護士直接到門診，開口要求免費的超音波檢查；生病的護士拿

左圖為內科診間的藥櫃，主要提供給來自鄉下村落或是老弱婦孺的患者。每天在友誼醫院看診，是我最主要的工作。

著當地醫師的處方箋，要我把藥「送」給他……。

漸漸地，我感到挫折、覺得生氣難過，「大老遠跑來古都古進行國際醫療，不就是希望自己可以成爲救世濟人的史懷哲，但此時此刻，我的診間卻僅有『藥局』的功能而已嗎……？」

就在某天早上，發生了一件事徹底引發我的反彈。心寬體胖的小兒科護理長突然跑來找我，一開口就是索取一大條藥膏。

我淡然地詢問：「誰要用的呢？」如果她是爲了經濟能力不好的病人開口，絕對要幫忙到底。

只見她慢條斯理地回答：「我的小孩，他手上有一個小傷口。」

我很客氣地拒絕，「我們不隨便提供藥物，但妳可以把孩子帶來，我直接診視病患後，再開藥比較恰當。」

話一說完我繼續問診，沒想到身爲吃住都不用錢的公家醫院護理長，竟賴在我的診間不肯離開。

病歷寫到一半的我、抬頭看著她，說了好幾聲：「Merci.」（謝謝。）但她表現出一副「不敢置信這世界上竟有人不買我的帳」的神情，擺明不拿到藥膏絕不離開。

在資源乏困的友誼醫院，每一個藥物都是舟車勞頓爲了患者所準備，而且「實際診察患者後開處方」是醫療的基本原則。可是，卻有人「理所當然」地享受即有資源。

頓時，空氣中凝結著一股尷尬的氣氛，我們之間充滿著對峙的緊張，處在拔河繩兩端的我們，等待另一方知難而退。

我忍不住回她：「我認爲妳有足夠的經濟能力，可以買藥給妳的孩子。」

這句話就像是踩到地雷的引爆點，阿長瞬間超級不爽、滿臉漲紅，怒視著我說：「我們在同一個醫院工作就是同事，同事間要什麼東西都必須幫忙，這是『醫院政策』！」

天啊，她竟然可以編出這種話來逼迫我。爲了打破僵局，勢必有人要退讓，我不爭氣地拿了條藥膏給她。但她竟還不滿意，直嚷著要拿大罐的。

「阿長，妳剛剛不是說小傷口嗎？小條藥膏就夠了吧？」

「不夠，一定要大罐的。」

她不斷地在挑戰我的理智線，但這次我非常堅持：「我只給妳這個，妳用完再來跟我說！」看我口氣堅硬，她才悻悻然離開。

看著對方離去的身影，忽然覺得自己好渺小、好沒用。

海外援助是什麼？醫療合作又是什麼？我花了這麼大的力氣、堅持來非洲進行國際醫療，期待和一群志同道合的人，爲改變非洲、改變世界而努力。然而，現實中我只是計畫裡的一個小螺絲釘。雖然有滿腔熱血，但和當地人交流時，我卻如此格格不入。

當地朋友安慰我說，布吉納法索很重「分享文化」，認爲好東西要跟好朋友分享。然而，我認爲做事要有原則，沒有模糊地帶。

難不成異文化衝突，是每個海外工作者的必經之路？我需要多久時間，才能坦然面對當地人的期待和自我衝突呢？我如何對這類事件談笑風生又不破壞彼此友誼？……我心中的疑問正不斷地冒出。

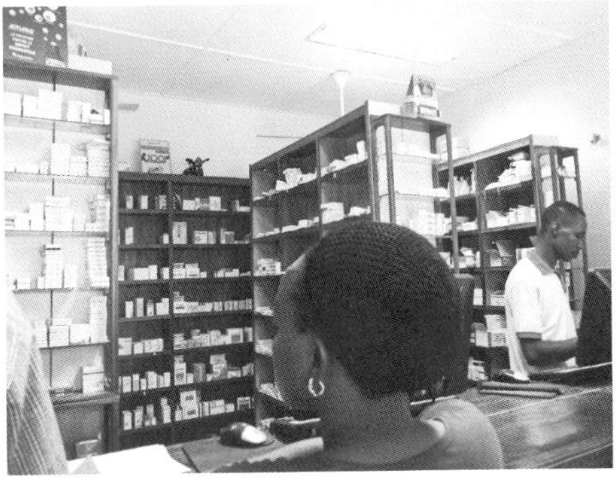

當地頗具規模的私立藥局，然而有些藥價不是一般平民老百姓所能負擔。

「傳愛」的初學者

布國曾被法國殖民統治約四十年，自一九六〇年獨立至今，仍處於低度發展。因受許多國際組織長期援助下，讓部分布國人養成伸手跟外國人要東西的習慣：「我要錢！」、「你的包包可以送我嗎？」、「你可以買一支手機給我嗎？」、「你回臺灣前筆電可以送我嗎？」

無論我是在購物、問路、逛街，甚至交朋友時，總有人開口跟我要東西。

這對我來說是莫大的衝擊，我想與對方當朋友的熱情被狠狠潑了冷水，難道我們之間只有物質與利益的交換？我一再被人性的貪婪擊倒，像個天真的孩子，以爲披上白袍就是超級英雄，沒想到在紅土大陸粉墨登場時，卻被一隻從巷內衝出來的小貓嚇壞，盡是一身狼狽。

有時，我甚至懷疑自己努力追求的「國際醫療合作」，是否只是個粉紅色泡泡，風吹過就破滅？

某天下午我在古都古唯一的網球場打球，卻被幾個會說法文的孩子纏住。他們各自伸手跟我要了一百塊西非法郎硬幣（約六塊新臺幣），只爲了參加球場旁邊游泳池的夏日派對。

我當下立刻拒絕，但他們絲毫沒有離開的意思。我認眞地問：「小朋友，爲什麼

布國小孩的笑容，一次又一次溫暖我冰封的心。

我應該給你錢呢？」

孩子天眞地回我：「你比我有錢，爲什麼不給我？」

我不斷試著理解他們。或許早在布國從法國獨立後，西方列強贖罪心態或是布國的被害者心理，在多方援助下，慢慢衍生出「伸手要錢」的習慣。

當習慣成爲文化，從沒受過教育的老人小孩到大學生，甚至有穩定工作與收入的大人都難以避免。

老實說，一開始和當地人交朋友時，我常感到失落。到底「因爲是朋友，所以應該彼此分享」；還是「你是外國人，本來就應該給予」……我開始懷疑自己，是不是一輩子都無法自在地融入當地所謂的「分享文化」，就如同總學不會布吉納法索的招牌手勢——握手後順勢摩擦、指彈出巨大聲響一樣。

《聖經》〈歌羅西書〉第三章二十三節：「無論做什麼，都要從心裡做，像是給主做的，不是給人做的。」

在面對當地的「分享文化」，我老是帶著一顆玻璃心，易碎又易怒，卻忘了自己的初心、要爲主做的事——把「愛」傳出去。

我自以爲帶著無國界、無私的奉獻重返布吉納法索，最終只是在自己畫出的框架中付出薄弱又有限的愛罷了。

在傳愛的路上，我只是個剛起步的初學者，要學的還多著呢！

10 人生盛宴的生死判官

生命的用途並不在長短而在我們怎麼利用它。
很多人活的日子並不多，卻活了很長久。
——蒙田（Michel de Montaigne，法國哲學家）

醫師就像是生死判官，每當告知病情，內心必定充滿困難與複雜的決定。每句話、每個字是否運用恰當，影響一切。在臺灣，醫師進行溝通時需要更加小心謹慎，以免造成誤會，引來患者投訴，嚴重者甚至鬧上法院。

醫院師長們都各有一套「撇步」，有些話必須點到為止，有些話則必須血淋見骨。我因顧慮太多，深怕多說了讓病人傷心，少說了讓家屬擔心，和病人說明時，就常陷入拉扯、不斷把話重新咀嚼和思考，希望透過修正自己的口氣和用字，對病人的傷害降到最低，甚至讓他們勇敢面對疾病。

只是我不知道，在布吉納法索醫師要告知患者「好消息」時，一樣要愼重地用字說明……。

說不出「恭喜」的喜事

布吉納法索的童婚比例全球排名第七，超過五二%未滿十八歲的女性進入婚姻。在當地，一位媽媽平均生產六個孩子。

那一天，我的內科門診來了一位身形瘦弱、略帶學生氣息的十九歲女病患。雖然外觀看不出哪裡不舒服，但她卻神色緊張地跟我說：「我肚子不舒服一個月了。」

面對年輕女性的腹部毛病，必須考慮懷孕的可能。我優先提議驗孕檢查，但她表明還是學生身分、付不出檢驗費。爲了幫她省驗孕費用，我直接拜託醫療團的婦產科王醫師掃超音波。

做完檢查後，王醫師愉悅地公布：「懷孕四個月哦。」

哇，是件喜事呢！我開心地跟這位小媽媽說了聲：「恭喜。」本以爲會看到一位幸福洋溢的母親、輕撫著自己的下腹，可是眼前的她，竟一臉愁容地低頭不語，彷彿從我嘴裡吐出極大的噩耗。

「我說錯什麼了嗎……？」一時間內心遲疑、不知道該說些什麼才好。只能叮嚀她要定期產檢，生個健康的寶寶。

一問之下才知道，這位十九歲、還在念國中二年級的小媽媽，已婚、有一個一歲大的兒子。月經停了三個月，誤以爲自己只是營養不良，完全沒想過自己懷孕了。

看著她錯愕傷心的眼神，我提醒自己，對於病人的情緒和煩惱要更加提高警覺。面對十九歲小媽媽，實在不應隨口說出「恭喜」，應該設身處地了解她的煩惱、給予情緒支持。

一位眞正的醫者，必須醫病也醫心呀！

偷天換日的小媽媽

沒過幾天，又有另一位十九歲的女病患——黛絲（Tess）前來門診。她聲稱自己「肚子痛了一週」。有了上次小媽媽的經驗，我直接開口詢問：「上次月經什麼時候來呢？」

她抬頭想想，「一個半月沒來了。」

「妳有可能懷孕嗎？」

「不可能！」

「咦，那妳有性經驗嗎？」

「從來沒有。」

「妳確定嗎？」

「非常確定。」

好吧，既然患者都如此肯定了，我開立腸胃藥處方，請她一週後回診。

一週後黛絲回診，「肚子痛」的症狀卻沒有改善。正當我翻閱著她的病歷手冊，身旁診間助理一看到我上次寫下的內容：「性經驗，從來沒有」。劈頭就問她：「真的還假的？」

結果卻見她支支吾吾，「有……有……有過啦！」天啊，原來她之前一直在「裝傻」。我不停追問下，她才坦承月經已經

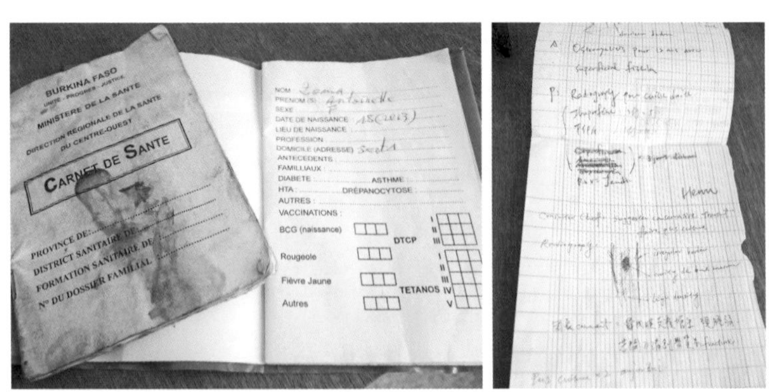

當地沒有醫院病歷系統、病患不會固定給同個醫師看病，因此必須隨身攜帶病歷手冊（Carnet），看診醫師才能知道疾病史與用藥記錄。有錢的患者會花一百西非法郎（不到十元新臺幣）買制式手冊，沒錢的就到文具店買本筆記本裁剪。

兩個月沒來。這下答案呼之欲出——懷孕了啦。

「唉，上次怎麼這麼不老實。妳這樣騙我，這次我不能幫妳了。」我開了張檢驗單，請她自己到醫院花一千五西非法郎（約新臺幣不到一百元）檢查，或是到藥局花一千西非法郎買驗孕試紙。

過程中，她仍是不斷「裝傻」，說家人沒有錢讓她做檢查。不過，看她戴著金色大耳環，閃亮的緊身上衣配著一件合身時髦的牛仔褲，讓我再度懷疑她話裡的眞實性。但她無辜的表情像個做錯事的孩子，如果眞的懷孕了，早點知道對她及胎兒都好，一時心軟，我決定先幫她免費檢驗。

「陽性！確定懷孕了。」這下可好了，她面無表情呆楞地直視地面，就如同上次的小媽媽。

原來，她和男友相識一年多，在古都古年度盛會——古都古非典型之夜（Nuits atypiques de Koudougou, NAK）的夜晚，因酒精而種下激情過後的結晶。她難過地表示自己沒念過什麼書，不知道怎麼預防。

我雖開心一個新生命正在成型，但難過沒有受過教育的她要獨自面對一切。想鼓勵她勇敢面對，但話卻無法輕易說出口，因爲未來她要面對的壓力以及她和孩子的未來，是我沒有辦法協助與提供任何意見的。

我怕她沒有辦法接受，小心翼翼地詢問：「會生下來嗎？」

她不知哪裡來的勇氣，眼神一閃、語氣堅定地說：「就算他不娶我，我也要把小孩生下來。」多麼強大的一句話呀！這就是母親的力量，即使隻身面對龐大又不可預測的未來，仍會咬緊牙根。

我提醒她一定要和家人及男方討論並且按時做產檢，「願上帝保佑妳和孩子。」

沒想到一個月後，黛絲出現了！

當她走進診間，我和助理一眼就認出來了，但她卻改了名字——安琪拉，用一本新的病歷本前來看診。這位「安琪拉」的主訴症狀一樣是「月經沒有來」。

我和助理都傻了，「妳早就驗過孕啦，而且已經確定懷孕了。」

但「安琪拉」矢口否認：「我從來沒在這裡看過診。」

雙方僵持一陣子，她還是不願承認，擺明想省錢、再多檢驗一次。爲了不浪費醫療資源，我鐵了心：「對不起，請妳自己再去驗一次孕吧，我幫不了妳。」

「安琪拉」見態勢已定、頭也不回地離開診間，再也沒有回來過了。

我的思緒不斷千迴百轉，「爲什麼她要換個名字和病歷騙人呢？難不成是因爲布吉納法索墮胎是違法的，所以她只能偷偷拿掉孩子，再換假身分來檢驗確認嗎？……」

唉，黛絲，我知道妳一定是遇到很大的難關和壓力，上帝讓妳來到友誼醫院，每一次都遇到我，就是希望妳能對自己誠實，不要逃避、勇敢走下去吧！

每到鄉下義診時，就會造成這般盛況，患者多是婦女和小孩。布吉納法索的女性負責家中所有事務以及務農，勞務特別繁重。因此，貧血、骨質疏鬆和全身痠痛幾乎伴隨她們一生。

很抱歉要告訴你——「終點就在前方」

布國人民面對婚喪喜慶總是歡天喜地的，難免讓人以為在面對生老病死時，他們都抱持著樂觀正面的態度。不過，我在友誼醫院裡，仍見過不少病患拉扯於現實與希望間，眼中那一絲的不捨。

根據世界衛生組織二〇一二年統計，布國成年人的愛滋盛行率約為百分之一（臺灣約為千分之一），因此在友誼醫院的門診中，我偶而會診斷到感染愛滋病病毒（人類免疫缺乏病毒，HIV）的患者。

布國病人掛號看診不必抽號碼牌，直接使用「石頭掛號法」，將石頭壓在病歷手冊上排隊。厲害的是，病人都知道哪顆石頭是誰的。

某次，一位發燒多日的中年男子，經我們檢查發現為愛滋病病毒陽性，我不放心的叮嚀他：「你必須到愛滋病門診接受追蹤和治療。請你務必帶三位老婆來做檢查哦！」

聽到我的話，他的眼神從漂移轉為呆滯，不發一語地離去。果然，他再也沒有回來了，也沒有帶老婆來檢查。

「他會跟老婆誠實以告嗎？他會記得預防措施嗎？會聽話到愛滋病門診接受治療嗎？」作為

醫護人員，我們無法替患者作決定，更無法影響患者離開診間後的生活。我只能替他禱告，願神祝福他們。

一樣的疾病，對高齡七十歲的阿嬤來說卻完全不同。她第一次來門診是因長久咳嗽，胸部X光疑似有肺結核，由兒子陪同就醫。我見情況有異，立刻安排愛滋病篩檢，結果也是陽性。

阿嬤因聽不懂法語，我只能和兒子解釋病情。回診時，三個兒子陪侍在旁，彼此討論後，決定不告訴阿嬤實情，畢竟愛滋病在當地仍是件難以啓齒的事。在平均壽命五十八歲的布國，七十歲已經算人瑞了。對阿嬤來說，知不知道生命終點何在已不重要，重要的是孝順的兒孫會好好地陪伴她最後一哩路。

不過，布國人對癌症的理解程度就不同了。布國人罹患癌症的機率是全球倒數，但因爲B性肝炎病毒帶原率高（約一二%，和臺灣相當），罹患肝癌的比例反而高達全球前二十。

某天，一位雙腳腫脹、帶有腹水的伯伯前來門診，經由腹部超音波發現肝臟有許多腫瘤及腹水，幾乎可確診爲肝癌。當我對病患和家屬宣布壞消息後，他們竟然毫無反應。

助理提醒我，病人只聽過肝癌，但不知道會有怎樣的生命危險。

我請他幫忙解釋，一定要讓患者有心理準備，未來的路可能不會太長了。沒想到他竟嚴肅地回答我：「我怎麼能跟一位老人家說你活不了多久了，這種話不能說，太沒有禮貌了！」

原來，布國人對死亡的態度並非我想像中的豁達，在即將凋零或是邁入死亡前，人類終究是軟弱無助的。

肝癌伯伯回診了幾次，只拿些止痛藥和維他命後便悄悄離開。也許到最後他仍是不知道自己生了什麼病，但我相信他的孩子一定會好好陪著他。

在電視劇《赴宴》中，「有些花朵，一生只開一天，就像去赴宴，努力展現最美麗的姿態。人的一生，也像一場盛宴，每個人都應該用最美的裝扮赴約。」

生命的起落與長短不是我們可以決定，重要的是我們是否認眞地活著，活出自己的光芒。

感謝上帝讓我身爲醫師，在每個宣判生死的關頭，都看見人性的光芒與家人間愛的力量。

我很愛欣賞布吉納法索的樹木，在不經意間露出一點綠，告訴我們：樹凋葉落，只是預告下一個新生的開始。在死亡之中，提醒我們生命的喜悅。

11 一條新臺幣一千五百塊的人命

人生並不如想像的那麼美麗，
亦不如想像的那麼醜陋。
——莫泊桑（Guy de Maupassant，法國作家）

第一次見到克萊門（Clement），是在布吉納法索氣溫仍有攝氏二十度的冬天。他不知從哪打聽到的消息，在友誼醫院有群臺灣醫師可以免費幫忙治療傷口。

當他坐在診療椅上，捲起牛仔褲褲管，露出整整纏繞著兩隻小腿的繃帶（或許說是裹腳布更貼切些）。看得出來繃帶重複清洗多次、早已缺乏彈性。

慢慢拆開繃帶後，可以看見一球球色彩繽紛的棉花黏在大片傷口上，不斷流出膿水及黑色膏狀的傳統藥膏。稍作清潔擦拭，我才看見傷口真正的樣貌——烏黑壞死的組織、鮮紅色亂竄的血管、乳白色的脂肪、以及鵝黃油亮的膿瘡……全布滿了雙腿長達超過十公分以上的傷口。

沒想到，這麼嚴重的傷口竟已淌在膿瘡血水裡五年不見天日。就算我和助理全帶上口罩，仍抵抗不住撲鼻而來的惡臭。

手術前，病人請先買好所有耗材

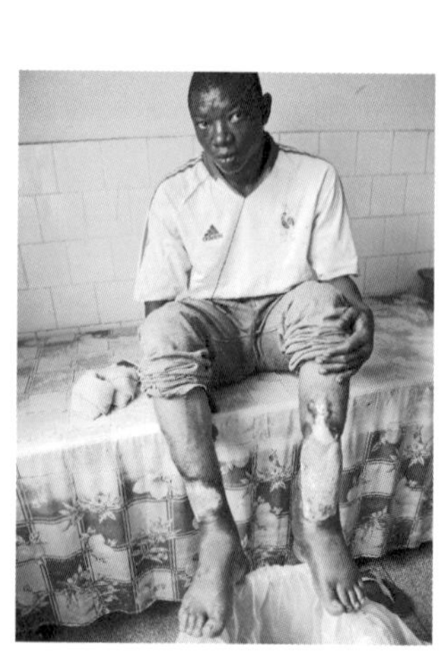

克萊門的傷口，五年來不斷地擴散發炎化膿。

實在讓人難以想像，這麼大的傷口竟陪伴一個人多年。接下來，唯一的治療方法只有手術。因爲擔心他誤會國外來的醫師有什麼「特殊魔法」，我仔細地說明：「等你傷口感染得到控制後，就必須做清瘡手術甚至是植皮手術。」

克萊門立刻點頭說好。看到這樣的反應，我反而不確定那代表著「同意」還是「了解」，抑或是君子之國的禮貌性回答了。

經過幾次保守性的約診換藥後，某次他竟然遲了幾天才回診。追蹤之下才發現，因爲傷口急劇惡化，讓他疼痛難耐甚至痛到無法走路。

看著傷口比往常滲出更多的腐爛組織液，持續飄散出酸餿惡臭……我知道大事不

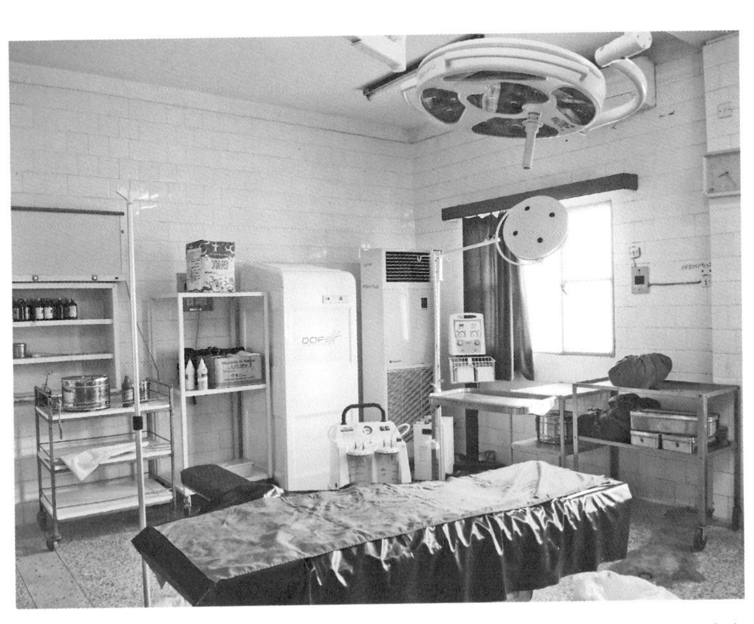

友誼醫院的手術室，二十年前連冷氣都沒有，刷手消毒用的是肥皂。如今，靠著臺灣國合會的捐贈，已有許多手術床及相關儀器，造福有需要的患者。

妙了，感染嚴重惡化！必須緊急將他排進手術名單，才能減少感染來源並徹底清瘡。

我和他解釋要立即開刀，要不然傷口繼續蔓延，未來必須切除更多的組織。但我心裡明白，自己遲遲沒說出那句最殘忍的話——「最糟糕的情況，你有可能需要截肢……。」

雙親過世、年近三十歲已娶妻生子的他，全家人就靠他在古都古市區的小攤位賣酒和雜貨過活。我不斷祈禱抗生素與手術清瘡能帶來最大的效果，我必須讓兩位不到五歲、天眞活潑的男孩們，有一個好手好腳的爸爸。

沒有全民健保的布吉納法索，病人在開刀前必須自行買妥手術需要的一切物品：手術針、縫線、點滴、針筒、手套、紗布、抗生素……住院以及術後照顧的費用，更是隻隱藏在後的吸血野獸，啃噬著家中寥寥無幾的財產。

在布國，時有所聞患者在手術當下才發現缺少某些耗材，家屬因來不及購買，主刀醫師只好依手上持有多少物品決定開刀程度；有的患者甚至住院住到一半因沒錢買藥，而被迫中止所有治療，直到有錢再繼續醫治。

無價的生命，在世界許多角落仍是會被許多有價事物所衡量。

克萊門的首次清瘡手術，在團長黃醫師的操刀下順利完成了。回診換藥的那天，拄著拐杖的他身旁多了一位中年婦女，原來是他視為母親的阿姨。

阿姨在我面前行了一份布吉納式的傳統蹲禮——雙臂交叉在胸口，雙膝微蹲、低頭表示敬意。眼中流露出感激，不斷用方言夾雜法文連聲道謝，感謝我們幫助克萊門解決長久的苦惱。

布吉納式的傳統蹲禮，是對於長老或德高望重的長者才配得起的禮節。收到這樣的大禮讓我受寵若驚，更讓我珍惜「醫者與患者同在」的緣分。

付不起新臺幣一千五百塊的手術費

手術後，我請他在家務必天天換藥。但換藥用的生理食鹽水，對他們來說費用實在太高，只能請他將自來水煮開、放涼後泡腳。

幸好，克萊門住在古都古市區，還有自來水可用，許多住在鄉村的病人們，必須挑水、燒水來換藥。煮一次水，就要走上一段路提井水、花錢買木柴，花費一番心力煮開的水，用來燒飯做菜飲用都不夠了，又有多少人能好好照顧傷口呢？

可能是克萊門的傷口照護太差或是長期缺乏營養，兩週後回診我們發現傷口復原狀況比預期緩慢。鮮紅肉芽組織與黃白油亮的爛瘡仍在搶食雙腿，我們的「魔法」失效了，必須安排第二次小型的清瘡手術。

鄉下的孩子們，每天都要提井水回家。

這回不如上次順利，光手術所需的耗材就要價新臺幣一千五百元，但克萊門因上次手術耗材與住院費已用盡他所有積蓄——新臺幣兩千元。這次，他怎麼樣也湊不出錢來了。

「我沒有錢，我不要再做手術了。」萬念俱灰下，他和其他布國人民一樣，對於自己做不到的事全交回給天意。

「怎麼辦？再這樣下去，一切都會回復原狀。他的傷口好不容易有點起色，就像烏雲背後露出的一絲陽光，我怎麼能放手？」

錯雜的思緒下，我突然想起一篇網路文章《在雲林難忘的一夜》中，臺大雲林分院某位醫師說過：「我們可以讓病人因病而死，卻不能讓病人因貧而死！」沒錯，患者可以放棄希望，但醫師不能放棄患者。

隔天我用盡全力騎著腳踏車，衝到克萊門家中請他一定要回來。因爲我們決定爲他動用醫療團役男們私下準備的急難救助基金（經由好幾屆醫療團役男存下的一筆救助基金），讓他心無旁騖動手術。

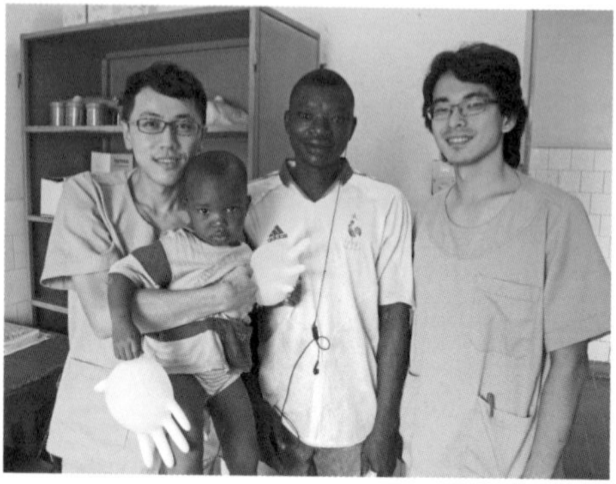

克萊門的三歲小兒子伊利斯（Ilise）常跟爸爸來換藥，一進門就躺在地上睡覺。每次看見他，我會利用乾淨的手套做成氣球，送給他及哥哥。右為凱評。

很開心的是，動完這次手術後傷口狀況良好，並且讓他擺脫以往不離身的拐杖。不過，事情開始出現變化，就在第二次手術後，克萊門回診開始變得不固定、三不五時爽約。我必須不斷連絡、要求他回診，讓我們確認傷口復原情形。到最後，他甚至再也沒出現了。

對比術前他請求我們協助的誠懇，簡直判若兩人。難道手術一完成，他認爲再也不需要我們了嗎……。我們的手術醫治了他傷口的疼痛；但他的不告而別，卻在我心中劃下一道傷口。

在我回臺前，我騎著腳踏車經過克萊門家門前，還是忍不住停下了腳步、往裡面張望。沒有看到他的身影，我幽幽地嘆了一口氣，自己眞的失去了一位朋友。但又暗自慶幸他不在，因爲我不知道該用什麼樣的態度來面對這位「落跑病人」。

忽然間，我聽到有人在大街上很用力地吼叫著：「Jimmy!」叫聲掩蓋住車水馬龍的吵嘈。

啊，那是克萊門！他們一家人在路邊攤用餐，兩位小男孩興奮地大叫，阿姨也開心地對著我揮手。在我還沒意識到前，雙手已經興奮地朝他們揮舞，嘴角微笑不自覺拉開。

原來，我以爲的內心傷痕都是自己想像出來的！對布國人來說，曾經是朋友、便永遠是朋友。整段「友誼破裂」的肥皀劇，只是我內心的獨角戲。到頭來，我只是爲了得到他們的道謝和稱讚，滿足「我把你醫好了」的自尊心，而陷入「我對你付出，你就要回饋」的框架中。

這才意識到自己揮動著「大愛」、「拯救世界」的旗幟，在付出棉薄之力後，就希望對方用自己期待的方式熱烈回應。什麼「醫學人文」、什麼「以病人爲中心」的醫者心，全在我天眞浪漫的熱血下消失的無影無蹤。

說實話，我們都是彼此人生中的過客，有幸在今生的光影中交錯，只要做我們應該做、也能做的事便已足夠。至於，有沒有留下什麼，已不是那麼重要。當我們曾眞心爲另一個生命努力，就是最美好的回憶。

12
無可奈何與暴怒的醫生

人生是一所學校，在那裡，
不幸比起幸福更能成為好老師。
——弗里奇（Harald Fritzsch，德國物理學家）

對醫生來說，我們不怕遇上艱難的疾病、不怕工作的疲憊，唯一害怕的就是對自己的病人說出「放棄」兩個字。然而，現實生活中我們常常不得不向環境低頭。

布國政府和許多國家有醫藥合作，以及擁有來自各國的援助藥物，因此當地的藥費比檢查費來得便宜。再加上許多患者爲了看診，常需要走上超過一天一夜的路程，爲了幫他們省錢、考量到後續可能無法追蹤病情，我們的醫療思維需轉變成「先治療、後診斷」。

坦白說，我只有唯一一次開藥的機會，必須用最有效的藥物，還要顧及藥物和檢查費用患者是否負擔得起。

檢查可以不做，藥不能不開。很多時候，藥物如果有效，就代表患者得的就是那個病了。

我想，上帝要我來這裡以謙卑的態度學習醫療不同的樣貌。但這翻轉的過程並不輕鬆，太多無法預測的因素影響著醫療決策。我常常遇到連藥物也派不上用場的時候，除了無奈還是無奈。

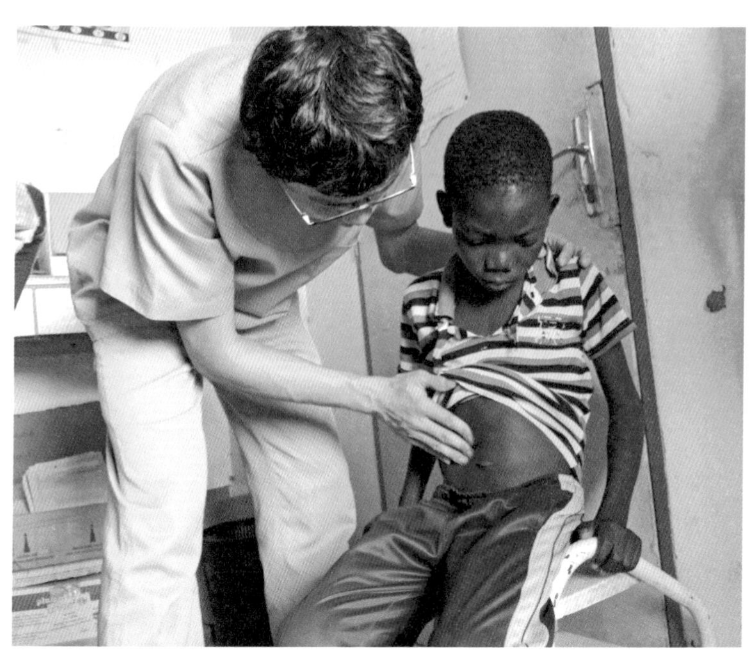

有太多時候，我只有一次機會診治患者。除了細心治療外，還要用心地考量到他們回診的困難。

只能「放手」的微笑阿嬤

一位六十幾歲、罹患高血壓和糖尿病的阿嬤，服藥遵從性（Drug compliance，有沒有按照醫生處方用藥）有夠差。每一次，我都要和診間助理不厭其煩地詢問她怎麼吃藥的，爲什麼血壓和血糖都控制不好。

阿嬤不但會搞錯吃法、還會弄混藥物。我在開立處方箋後請阿嬤到藥局買藥，結果買來的藥物和我開的完全不一樣。有時是劑量錯誤，有時是藥局缺藥直接給她替代藥物。

不過，在一開始我就犯了嚴重的錯誤。臺灣人吃藥的習慣是「三餐飯後吃」或「早餐飯前吃」，但布國人一天平均只吃兩餐，因爲每一餐必須花時間生火煮水，時間當然不固定，根本不可能請病人固定三餐或準點吃，有些人甚至連手錶都沒有。

我們只好盡可能將藥物簡單化，請病患天亮吃、天快黑吃，種類用法也必須事先設計好。

有一陣子我幫阿嬤調整處方，卻造成她老人家新舊藥混著吃。偏偏她爲人客氣，實在無法對她板起臉。後來，我請她找家人陪同看診，但無奈家中只有十歲的孫子，只好轉而尋求鄰居陪同，但阿嬤每次找來的鄰居都不一樣呀！

我只好收起笑臉囑咐阿嬤：「回家前，藥都要給我先看過。」、「回診時，記得帶藥來呀。」每次我都會一一清點剩幾顆藥，就知道她吃了什麼藥。可是，從此又多了一個問題：阿嬤常常忘記帶藥來……。

我略帶恐嚇語氣，「下次妳一定要找同一個鄰居，還要帶上全部的藥，不然我不再給妳開藥了哦！」雖然話是這樣說，但每次我還是會替她看病、開處方。

就這樣花了大半年時間，反覆上演同樣的戲碼，無論如何調整藥方、教導吃藥、在藥上面畫圖、固定藥物顆數，阿嬤依然故我、每次來都笑笑的說：「我也不知道怎麼吃。」

「唉，對不起，我放棄了。」爲了阿嬤好，我請她改看當地的醫生。雖然需要三千西非法郎的掛號費，但少了語言的隔閡，應該會解釋的比我更清楚才對。

只是在我說出請她找別的醫生時，內心眞的十分掙扎又難過。可是我不得不這麼做，因爲醫療役男的內科診是每年的十二月至隔年八月。

八、九月役男回臺後，到新任役男門診開張日有三個月的缺口，必須請病人重回當地醫師或護理師的門診。但是按照以往經驗，這三個月的空窗期他們不會看別的醫生，有些人甚至三個月不吃藥，一直等到新一批的役男來。

也許這些孤苦無依的老人家們唯一的希望就是我們，但病人太依賴我們其實不是件好事，畢竟進行國際醫療的目的就是——讓當地醫療體系得以自給自足。

轉念一想，我不必將所有患者的健康責任攬在身上，因爲太多時候，醫者只能盡力、卻無法代替患者活下去。

生命的樣式，最後只能交給上帝決定。柯文哲醫師曾說過：「在人生的花園中，醫師好像園丁，照顧著花草的枯榮，雖然改變不了春、夏、秋、冬四季的運行，但是可以讓人生的花朵更加燦爛。」

醫師不是神，我們能做的就是照顧每個生命、伴其同行，欣賞花開花謝的時刻，珍惜每一段相聚的緣分。

讓我動搖的人性

友誼醫院的臺灣門診是不收掛號費的，爲了替病人省下每次兩至三千西非法郎（約新臺幣二百元）的掛號費，是我們最慷慨的服務。可是，仍有不少病人卻期待我們給得更多、甚至「送藥」給他。

醫療團的藥物是留給特定患者的，如鄉下來的病人及老弱婦孺。遇到「索藥」

翩翩飛舞的蝴蝶提醒了我西非這塊土地的美麗，也讓我知道萬物自有安排，生命總有我們意想不到的姿態。

狀況，我都是笑笑地拒絕，但有一次眞的讓我失去理智而暴怒。

當時正是西非伊波拉疫情（二〇一三年末始於西非，由伊波拉病毒引發的大流行）全面爆發之際，在獅子山共和國、賴比瑞亞、利比亞三國擴散至奈及利亞。當時離我們一千公里之外就是人間煉獄，所幸布國和疫區國家的通商交流不太頻繁，因而倖免於難。

然而，在那段人心惶惶的日子，新聞竟發布一位疑似感染伊波拉病毒的布國人在布國邊境死亡。醫院頓時成爲恐怖之地，但是身爲醫護人員的我們只能堅守原地，因爲我早已和病人們約定回診，爲了病人，我必須現身。

近一年來，一位患有高血壓和糖尿病的四十九歲阿姨，都是我的門診病人。但她總會在言語上埋怨幾句，嫌我送的藥少、或是以前醫療團的醫生人都很好，會送她很多免費的藥等。

我耐心又略帶歉意地解釋，因醫療團的政策改變，沒有辦法給這麼多藥。她仍是希望我能考量她們因爲經濟因素，需要更多免費的藥品。

不管如何，我都耐心聽著她的「建言」。就在我役期即將結束，適巧要處理掉一批即期的藥物。在我倒數第二次的門診中，便送了一些藥給她，「下次回診時，如果藥還有剩的話，我再送妳。」

結果到了最後一次回診日，她發現我手上已經沒有免費的藥了。竟然開口抱怨，

每到鄉下義診時，總是聚集許多病患。在有限的資源下，我們只能盡力幫助他們。

「你忘記我了。我朋友前幾天來都有拿到藥，你明明答應給我，卻沒有幫我保留。」

碰！這位女士踩到我的地雷了！我像被點燃了引信，憤怒地漲紅著臉，「上禮拜看完妳之後，我把藥先送給其他有需要的人。而且上次我已經說了，如果還有多的藥才能給妳。我是在這裡當醫生，不是來送藥的。」

雖然，事後她小聲地回了句「對不起」，但我不畏伊波拉病毒，爲了承諾堅守崗位與從醫的熱情，都被那聲聲的埋怨給踐踏了。

就算無法提供更多免費的藥物，但數年來的免費門診仍是爲數不少的奉獻。在我們釋出最大的善意時，阿姨想要的只有更多。如此貪婪的人性，讓我忍不住生氣。

然而《聖經》〈馬太福音〉第七章一、二節說：「不要論斷人，免得你們被論斷，因爲你們怎樣論斷人，也必怎樣被論斷；你們用什麼量器量給人，也必用什麼量器量給你們。」在我指著別人說貪婪時，自己何嘗不是如此。因爲看不見自己手中擁有的，而追求更多物質，不也是另一種貪婪？

在我盛怒前，是不是應該試著先同理他們背後的原因。想要更多藥物的阿姨，或許是因爲自己的慢性病必須藥物控制一輩子，而我的離去讓她感到心慌。在理解與同理下，雖然沒辦法改變別人的行爲，但卻能改變自己的心態。想著，只要還有能力給予，就不必太鑽牛角尖、錙銖必較，因爲我相信——施比受更有福。

13 一眼看出癲癇的「神醫」

全世界的母親是多麼的相像！
她們的心始終一樣，每一個母親都有一顆極為純真的赤子之心。
——惠特曼（Walt Whitman，美國詩人）

某天，十一歲的娜娜（Nana）和媽媽來到我的門診。兩人一坐下，我就問助理：「她們是來看癲癇的嗎？」一語中的，嚇得助理以爲我是專治癲癇的神醫，直問我怎麼看出來的。

「看小女孩的眼神啊，有點不一樣。」邊說、我邊翻開女孩自備的病歷手冊。

「奇怪，爲什麼是空白的？」我轉頭問媽媽有沒有帶之前的病歷手冊，才好了解娜娜用過什麼藥物控制。

鄉村義診時，總會看到住在偏遠地區的母親，為了孩子的健康與希望，會騎上大半天的路來我們的衛生站。

沒想到，助理竟然跟我說：「他們是第一次來看癲癇的。」

哇，我竟然誤打誤撞看出一位患有癲癇的孩子。因爲沒有過往治療經驗，我詢問媽媽：「我們先吃藥控制看看好嗎？」

「當然，你是醫生。你決定啊！」

「好吧，那我來決定怎麼治療。」我先替娜娜開了基本的抗癲癇藥物，並請她過一陣子回診。

我在布吉納法索大部分的患者，尤其是新病患，對於醫生都是畢恭畢敬的，醫病關係充滿「包容」。他們會放手讓我決定所有醫療行為，實在是非常特別的經驗。對於沒受過教育的布國患者，更是完全信任醫護人員、坦然接受目前醫療的極限。

遇到醫療中的不確定因素、模糊地帶，就放手交由老天爺決定。生命的起落，一切依天父上帝或眞神阿拉的旨意運行。

帶著「臺式醫療想法」的我，反倒像個格格不入的「外人」。我常以尊重患者的角度詢問：「你希望我怎麼幫你？」、「你希望什麼時候回來門診追蹤？」、「我建議做這個檢查，你同意嗎？」……這些都是我在臺灣絕對不能省略的話，但用在布國病人的身上，他們反而覺得我很奇怪，爲什麼總問那麼多問題。

通往古都古市唯一的一條路，我想對娜娜母女來說，這是條希望之路，遙遠卻不漫長。

四十公里，只爲了一顆新臺幣一．六元的藥

首次回診當天，我一直等著她們，直到近午時分仍遲遲未見蹤影，擔心著「不會發生什麼事情吧，還是她們爽約了？」對於沒有日曆、沒有手錶的布國人來說，「放

鴿子」是很常見的事。

正當我收拾東西準備離開診間之際，母女倆汗流浹背地出現了。原來，她們住在離醫院四十公里外的村子，爲了趕來回診，前一天下午就開始騎腳踏車，晚上借住途中親戚家，門診當天早上繼續賣命騎來醫院。

我坐在開著冷氣的內科診間，看著母女倆滿身大汗趕來醫院，心中有些不捨。同時慶幸自己今天多等了一會，否則怎麼對得起她們在高溫烈日下，騎了一整天腳踏車的辛苦呢！

猶太人有句諺語：「上帝無法至每個角落照顧每個人，所以創造母親。」爲了娜娜的健康、爲了一顆新臺幣一・六元的抗癲癇藥——卡巴馬平（Carbamazepine），母女兩人長途跋涉四十公里的路就醫。

雖然，漫漫長路一點也不輕鬆，但服用過上回的癲癇處方後，娜娜的癲癇再也沒有發作了。看見媽媽臉上流露出的笑容，我知道她心裡一點都不覺得苦。

娜娜媽媽告訴我，娜娜曾念過三年小學，但自從二年前癲癇發作後，就輟學至今。「因爲她的病不知道什麼時候會發作，所以只好放棄學校了。」

一個疾病影響的不只是身體、心理的健康而已，連基本的生活、受教育的權利、歡樂的童年，都被這個野獸般的疾病給無情地吞噬掉。

感謝上帝派我來到古都古，更感謝上帝讓我與她們相遇，給我一個機會幫助娜娜脫離困境，讓她擁有和其他女孩一樣的童年。

我希望她在癲癇獲得控制後，能重返校園。因爲在布吉納法索，上學念書是一件恩典，不能輕易放棄，一旦錯過就影響一輩子。

下診後，我陪她們走到友誼醫院的大門。我看見娜娜開心地坐在腳踏車後座，手裡拿著能夠找回正常生活的抗癲癇藥物。

看著那一大一小的身影騎在紅土路上，我的眼眶不知不覺溼了起來。雖然處在豔陽高照下，但那漸漸遠離的母愛，彷彿陣陣微風吹散了赤土上的炙熱，並爲娜娜辛苦的人生帶來希望。

癲癇發作的緊張時刻

我萬萬沒想到，娜娜故事的後續會漸漸走向「鄉野傳奇」。古都古開始盛傳友誼醫院有一位「一眼可以看出癲癇的神醫」，我的診間因此多了不少「呷厚道相報」的癲癇患者。

他們大多從鄉下遠來，只知道孩子會不定時抽搐、雙眼上吊、失去意識，卻沒有看過醫生或吃藥控制。但神奇的是，只要找友誼醫院的「神醫」，病就會好了。

那陣子診間真的來了太多癲癇病人，反而讓我起疑，除了那些我靠面相「一眼診斷」的新病人，以及穩定用藥的老病人外，怎麼可能有那麼多癲癇病患呢？

而且從來沒在診間看到他們發作過，該不會只是想拿藥回家保平安吧？

就在我心生疑問的當天早上，竟有二位癲癇患者在我的眼前癲癇發作了！他們雙眼上吊、四肢抽搐，嘴角流著口水，失去意識。

「天啊！怎麼可能就這樣發作，難道是上帝在跟我對話。」

在萬般緊急的狀況下，除了快速處置，我在心中不停地跟神表示懺悔：「親愛

我於索格培塞（Sogpelsé）鄉下衛生站義診中，完全不分科，成人、老人、婦女、小孩都要看。鄉下人幾乎不會說法文，必須靠診間助理翻成當地方言。

的上帝，我知道錯了！我不應該驕傲自負，不應該質疑人性，懷疑孩子跟他們的母親。我竟然忘了最重要的一件事：自己是何其有幸來到這個地方，爲祢的兒女們奉獻一點力量。」

美國醫學教育家愛森堡醫師（Dr. Carola Eisenberg）曾說：「作醫生仍然是一個很有福氣的好職業。」我感謝上帝賜給我當醫師的福氣，讓我可以參與病人的過去、現在與未來，幫助病人重獲健康，安慰受苦的靈魂。

這件事給了我一記當頭棒喝：「永遠要尊重患者的主訴，不該任意質疑患者。尤其在兒科的領域裡，媽媽永遠比醫師更了解孩子。患者、患者的母親，永遠是我們的老師。」

其實，非洲有如此高比例的癲癇病患，根據資料顯示也許和懷孕與生產過程有關。以布國來說，孕婦產檢的比例不高，生產大多在當地衛生站，不見得每次都有專業的接生婆，更別說是婦產科醫師。所以在懷孕或分娩過程，併發症風險相當高，有的可能造成窒息或癲癇等神經系統的後遺症。

那天早上兩個孩子癲癇發作，最讓我感到意外的是兩位媽媽的淡然態度。她們看著孩子抽搐扭動，先看了我一眼後，拿條毛巾蓋著孩子就抱在懷裡，雙手輕握著他們小手，靜靜地陪伴。等待病人清醒後，再將他們側身躺在地上。

所有動作看起來熟練而不驚慌，或許她們已經看過孩子發作太多次；或許是覺得沒什麼太大的生命危險；也或許是深切了解到疾病與生命，從來都不是她們所能掌握的……。

反倒是我當下思緒混亂，「如果必須注射抗癲癇藥，要選哪種藥物？」、「在當地藥局可以買到哪些藥？」相較於她們的淡定，我這個手忙腳亂的醫生反而露出一副糗態。

布國人對於疾病的坦然態度，眞的令人印象深刻。在布吉納法索如果發生車禍，傷者已沒有心跳和呼吸，家屬一定會放棄急救。因爲醫院沒有足夠的加護病房設備，就算撿回一條命，幾乎會成爲植物人或終生癱瘓。影響的不只是病人的一生，也是全家的未來。

有太多時候因爲無力抵抗、因爲無奈，不得已只能跟現實妥協，選擇放手，但從他們的眼神中彷彿能聽見無聲的吶喊。

14 我生命中的貴人——以蓮母女

善良，是一種世界通用的語言，
它可以使盲人看得到、聾子聽得到。
——馬克・吐溫（Mark Twain，美國知名作家）

以蓮（Iréne）是我在布吉納法索印象最深刻的病人。

二〇一三年聖誕節前夕，十一歲的她和媽媽第一次來到我的門診。這裡的聖誕節雖然沒有火雞大餐、沒有聖誕樹，但在布國人心中仍是一個重要的節日。但對以蓮母女倆而言，怎麼也開心不起來。

因爲以蓮上嘴脣有個大腫塊，近四個月來不斷增生，不僅讓她看起來像怪物，門牙也被外推變形，完全無法正常咀嚼。

臺灣醫療團一想到她往後幾十年的人生，都會受這個腫塊所影響，無不想盡辦法幫助她們。經過一連串的檢查、X 光片、超音波以及抽吸體液判斷，我們懷疑是良性的上唇囊腫——鼻腭管囊腫（Nasopalatine duct cyst）。

我們耐心地和她們解釋，必須進行切除手術才行，但目前時機未到，只能先做引流用的造袋，讓囊腫內的組織液流出，等囊腫縮小後再進行切除。

沒錢拍 X 光片而不敢回診

以蓮母女來自離醫院十五公里遠的小村莊，常常爲了回診追蹤，以蓮媽媽一大清早就要騎著破舊的腳踏車，穿越漫漫紅土來到醫院。有時候甚至要在前一晚借住古都古近郊的朋友家，隔天一早再來醫院。

她們倆都沒念過書、不會說法文，所有的溝通必須靠診間助理翻譯成方言。我們請以蓮每週回診沖洗囊腫，避免阻塞或感染，並且拍攝 X 光片追蹤囊腫大小。

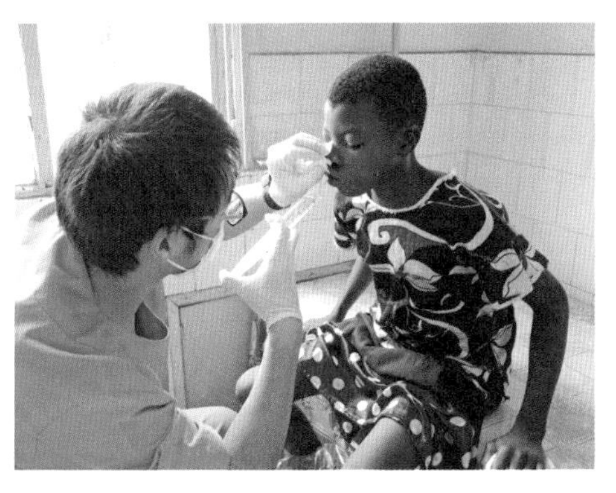

引流造袋完成後，醫療團中的牙醫師宗訓正在幫以蓮沖洗上唇造袋。

第一次她們準時回診了；但第二次回診日時，卻遲遲等不到她們。原以爲是忘記回診日，沒想到幾天後看到她們，媽媽羞澀地表示：「這幾天實在不敢來醫院，因爲之前拍的兩張X光片已用光家裡所有的錢，我們直到籌足了錢才敢回診。」

原來以蓮爸爸不在了，一家四口全靠媽媽作清潔婦所掙的微薄薪水過活。當下我實在不敢置信，竟然有病人因爲沒錢拍X光片而不敢來醫院。

我遇過太多患者「理所當然」要求我們幫忙，諷刺的是，那些人常是受過教育、有穩定收入的病人。她們看似一無所有，卻知道凡事必須靠自己努力，而非雙手向上、無條件接受別人的協助。

從許多小地方可以看出以蓮的好家教。每次進入我的診間前，她都會在門口「脫掉拖鞋」、赤腳走到診療椅坐下，深怕自己的鞋子弄髒診療間。

這位沒念過書的十一歲女孩讓我體會到，眞正的布吉納傳統就存在於那些沒有被金錢文化汙染的純樸鄉間，以及笑得如烈日般燦爛、辛勤工作的市井小民身上。如同以蓮媽媽那般溫柔而堅定的微笑光芒。

想開刀？先搶病床才行

持續觀察一陣子後，以蓮上唇囊腫總算消得差不多了。我忍不住跟母女兩人宣布這個好消息：「以蓮終於可以接受手術了。」

沒想到以蓮媽媽臉上卻憂喜摻半，雖然手術是由臺灣醫療團免費操刀，但友誼醫院還是會向病人收取住院費及手術費。

為了準備手術的一切用具：針、線、紗布、手套、點滴、針筒、點滴針、點滴組、紗布、抗生素……以蓮又缺了好幾次門診。這下，我知道她們又再東奔西走、籌備費用了。

我跟上帝不斷禱告：「上帝啊，如果手術費是祢為她們安排的難題，我不想讓她們獨自面對。我不能眼睜睜看著自己的病患，因為錢而阻礙接受治療的機會。」於是，我們幾個醫療役男決定幫助她們湊齊手術用品。

然而困難接踵而來，這次是病床發生問題了。

臺灣的醫療院所，有一定的住院系統和規畫。但布國的病人必須親自到病房裡，待在你看中意的病床前，等到該床的病人出院後，直接把所有家當和手術材料放在床上「占位」，住院手續就此完成。

看到這樣的情況，我好奇地問助理：「如果要開刀的病人卻沒有床位怎麼辦？手術還可以開嗎？」

診間助理很「布吉納式」地回答：「那就等到有病床再開呀！」天啊，為了確保手術順利進行，我陪著母女倆一一地尋找空病床。找了好幾間病房後，終於幸運地「占到」一張病床了。

二〇一四年四月三十日，以蓮如願進行全身麻醉的鼻唇囊腫切除術，主刀醫師是專攻口腔外科的役男宗訓。因爲友誼醫院沒有麻醉科醫生，所以全程交由麻醉科護理師執行麻醉。

一大早八點半不到，我們就通知手術室及麻醉護理師進行手術。我利用半小時看完幾位門診病人後，便立刻跑進手術室。

當我一進手術室，就感到氣氛有些怪異，半小時過去了竟然還沒有進行皮膚消毒，也還沒有接上呼吸器。

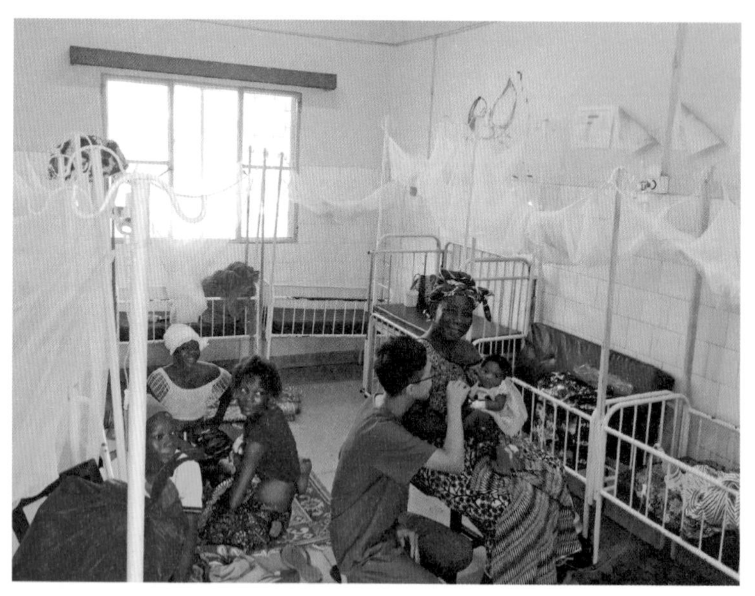

一間普通病房待了三到六個人，雖然環境條件差，但一張住院床位就代表一份生存的希望。攝影／曾柏彰。

凱評連忙和我說：「剛才第一次插管不太順利，血氧濃度從九九％掉到七○％！」一看監測螢幕，我的天啊！現在已經不是七○％而是五五％！小於九○％就是低血氧，代表身體的氧氣含量不足；而五五％簡直和「窒息」沒有兩樣。這樣下去，不出幾分鐘就會造成身體細胞傷害，更嚴重的是帶來腦部缺氧的傷害，這是永久且不可逆的呀！

我只能不斷禱告，禱告麻醉護理師可以盡快建立呼吸道、順利插管，再拖下去，我們可能要先替以蓮急救了。

看著麻醉護理師抽出口水和痰液，火速接上氧氣管並用雙手慢慢壓著甦醒球（Ambu bag），將氧氣一口一口送到以蓮肺部。此時，血氧濃度才慢慢回到九○％。我們總算鬆了一口氣，缺氧警報解除了。

然而插管尚未成功，我們彼此心中都閃過一個念頭：「如果全身麻醉不順利，手術必須立即中止。畢竟手術可以不做，以蓮的生命才是最重要的。」

這時候，換了另一位看起來相當有經驗的麻醉護理師上場。

只見他拿起不知重複使用過幾次的六號氣管內管（在臺灣絕對是一次性使用，但布國的氣管內管很貴，只能清洗後重複利用），還缺了根鐵條（Stylet，一根金屬細管幫助置入氣管內管），就從右鼻孔進入鼻腔、口腔（一般插管由口腔置入，但以蓮手術部位在口腔，所以改採鼻腔置入）；另一手用葉片（Blade）撐開下巴、停住，拿

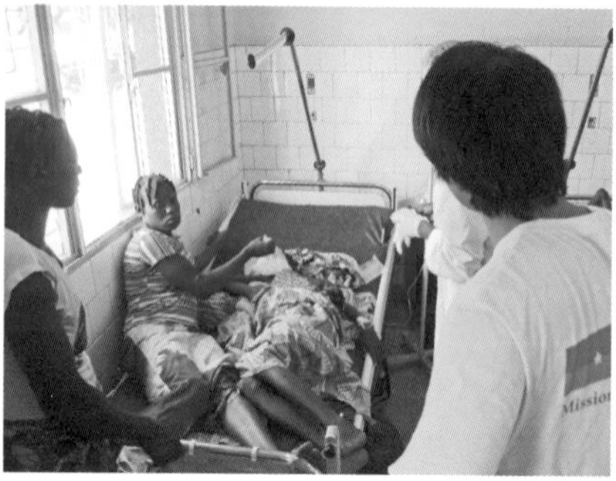

術後躺在病床上的以蓮。左一為以蓮的媽媽，左二以蓮的姊姊正用我們提供的冰塊為以蓮的傷口消腫；右一則為主刀的宗訓醫師。

起長柄鉗「橋」一下，進去了！

眞是謝天謝地，有了安全麻醉，手術終於可以進行。我看了下時間，九點三十分，爲了麻醉我們竟花了一個小時。

友誼醫院眞是臥虎藏龍，這位麻醉護理師的功夫眞不簡單！或許布國的醫療教育水準還不夠，但透過經驗與實地操作，他們有自己的成長方式，將技術提升至一定的水平。

手術歷時一個半小時，成功將囊腫切除。接下來，就是等著傷口復原以及病理結果（後來報告顯示爲良性囊腫，無需二次手術或化學治療）。

這一天不僅對她們來說很重要，對我們而言一樣重要。我們答應要治好以蓮，感謝上帝，我們做到了。

獅子大開口的手術費

幾天後以蓮順利出院。醫療團的四位役男們，決定動用歷屆學長留下的救助基金，幫她支付這次手術住院的費用。

在友誼醫院，一般病房的「住院費」是一天五百西非法郎，四天就要二千西非法郎（約新臺幣一百二十五元）。醫院還會跟患者索取一筆「手術費」，金額一律由外科護理長填寫。

我們的囊腫切除費要價二萬西非法郎（約新臺幣一千二百五十元），相當於當地基本工資三個星期的薪水。

這裡的手術費用不像臺灣區分「外科醫師」、「手術室」、「麻醉科」、「藥品耗材費」等細目，因爲藥品耗材全由病人自己到藥局購買。其他醫院要收的項目，一律用「一個診斷」或「一個術式套餐」代表全部金額。

以這次的手術來看，合理支付的費用應爲八千西非法郎。但收到費用清單時，我們全傻了。不了解我們手術項目的外科護理長，竟然在以蓮的住院費上加寫了「婦產科」的囊腫切除術套餐，多收了一萬四千西非法郎，總共要支付二萬二千西非法郎。

我們只是做了一個「口腔」囊腫切除術，和婦產科的囊腫一點關係都沒有。一個十二歲的小女孩，沒事怎麼可能開卵巢囊腫切除術？其實只要她多想一下就知道完全不可能。

在這樣資訊不對等的情況下，或許早有不少病人的權益喪失了。對於像以蓮母女這樣不會說法文、不會說摩西語的少數族群來說，只能任由醫院宰割，所幸有我們幫她們一次付清全額手術費。

這次能幫助以蓮開刀，大家都非常開心。每個人都盡了自己小小的力量，成爲「海星男孩」。

要以蓮母女承擔的錯誤

以蓮手術費被超收，醫療團的人決定不計較了。沒想到術後首次回診，以蓮的病歷小冊子竟被醫院扣留，原因是出在上次我們支付的費用（二萬二千西非法郎）是不夠的。

櫃檯最後開出的結帳費是三萬四千西非法郎（約新臺幣二千一百元，相等於當地工人一個月的薪水）。

就因爲帳目上積欠醫院費用，醫院便扣留以蓮的病歷，這件事徹底引爆我的怒氣。明明護理長已跟我清算過所有明細，怎麼可能錢不夠？

聽到這樣無理的事，我只好先跟診間病人說聲抱歉，快步跑到批價櫃檯追問。才知道，上週櫃檯負責結帳的工作人員，輸入電腦時選錯代碼，誤將一萬八千西非法郎的的囊腫切除術（Kystectomie），選成了三萬西非法郎的全子宮切除術（Hystérectomie）。

我要求櫃檯工作人員立刻更改，「我們手上有護理長的手寫收據，和你給我們的電腦收據不一樣，書寫的法文也不同，很明顯是你們輸入錯了。」

櫃檯人員雖承認失誤，但卻遲遲不願更改，「這個要之前輸入者同意才能更改，你們等到下午三點醫院上班時再來辦吧！」

我徹底氣炸了，「因爲你們的錯誤就要病人在這等上六個小時嗎？她們家住很遠，沒辦法就這樣等著！我希望你們能馬上改正。」不斷爭取下，終於拗到中午十二點可以辦理退費。

看著以蓮母女纖瘦嬌小的身軀，想著她們每次來回三十公里的路，散盡家中財產只爲孩子健康……我怎忍心看著她們爲了醫院的錯誤苦等。我一秒也等不下去！衝去找外科護理長說明一切，壓抑怒火、以謙卑的態度請求她幫忙。

阿長和我一起前往批價櫃檯，和櫃檯先生說了幾句話後，就見那位輸錯代碼的工作人員「馬上」出現了。她一臉茫然，等同事跟她說明因爲她的失誤病患必須多付錢時，不但一點反應也沒有，還毫無歉意、淡然地請同事直接在電腦上更改。

一想到今天如果不是我們在場，以蓮母女就要任醫院擺布，實在是讓人滿腔怒火。然而靜下心後，我試著去理解每個地方有其在地文化與價值觀。我終究是個外來者，唯有尊重才能合作。如果今天因爲氣頭上，就和當地醫療人員大吵，只會破壞以蓮和醫院的關係。等我離開布國，眞正受害的會是以蓮。

以前的我完全沒想過，所謂的「善意」竟可能傷害到患者，這是我萬萬不想發生的事。在國際醫療事務上，我必須學習謙卑再謙卑，才能讓事情獲得圓滿解決。

從天堂來的感動

以蓮術後回診的情況十分良好，只需多一點時間復原。就在我預約下個回診日時，以蓮媽媽從衣服掏出了四張皺皺的紅色千元鈔票。

我嚇了一跳，「我們的門診不用錢，不收掛號費啊！」

診間助理熱心地翻譯著，「這是母女倆想要償還你們幫忙支付的住院和手術費。但是她現在只有四千塊，以後會慢慢還你們錢的。」

我整個人彷彿被電到一樣，一股暖流從內心貫穿全身！在悶熱的換藥診間、汗流浹背的我，頓時神清氣爽、被一股濃得化不開的感動包圍。在她們黝黑的皮膚和整潔卻殘破的衣服上，彷彿有道光輝在閃耀。

她們給予我的，不是一筆金錢的價值，而是一份高尚人格的無價。

我連忙合手說：「媽媽妳不用還錢啦，那筆錢是我們想幫妳們的，從一開始就沒想過要妳們還。請媽媽多買一些雞肉讓以蓮有更好的營養，更快幫助復原喔！」

以蓮媽媽回應我一個招牌的靦腆笑容，將四千元小心翼翼地收了回去。母女倆以雙手交叉在胸前、雙腳一再微蹲，對我表示至高的敬意。

我微轉過身，害怕自己眼眶裡打轉的眼淚被別人看見。我想，我會一輩子記得以蓮媽媽雙手緊握的那四張鈔票，代表著母愛以及一份最眞摯的感謝。

有太多人視他人的援助爲理所當然，面對人性的糾葛我除了無奈，不知不覺間也築起自己心中的高牆。相較之下，我更感謝她們爲我帶來的力量，這是上帝賜予我的禮物——從天堂而來的感動。

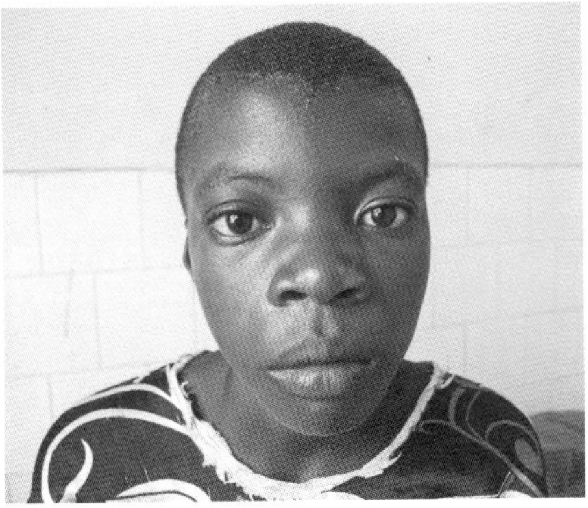

我激動地衝出診間，幸好在友誼醫院的大門看見她們準備離開的身影。衝上前去緊握著以蓮媽媽的手，不住地說著：「Merci.」（謝謝。）感謝她們讓我重新相信人性，她們才是我生命中的貴人。

在這樣的荒漠裡，讓我看見至高的人性與純粹的愛，讓友誼醫院成爲「人間天堂」。只要有愛存在的地方，人間處處是天堂。親愛的上帝啊！感謝祢讓我在西非一嘗永恆的眞實，體驗憐憫的意義。

役期結束前，順利看到以蓮返診。傷口復原良好，她的臉上多了笑容與自信。我們一行人終於可以安心回臺灣了。

15 來不及長大的孩子

每個孩子的誕生，
都透露著上帝尚未對人類失望的訊息。
——泰戈爾（Rabindranath Tagore，印度詩人）

有那麼一刻，我希望自己永遠聽不懂法文。

某天早上，我從友誼醫院走回團部，在中央走廊看見一位媽媽手上抱著孱弱的嬰兒，細細的手腕打著點滴。右鼻孔上插著兒童專用的鼻胃管，以及一個飄蕩在空中毫無作用的鼻導管（Nasal cannula）。

那麼小的孩子全身卻插著大大小小的管子，讓我著實感到好奇。走進一看才發現，小朋友喘得很厲害。爲了呼吸，他用盡全身的力量，胸部肋骨下的肌肉用力用到凹陷，

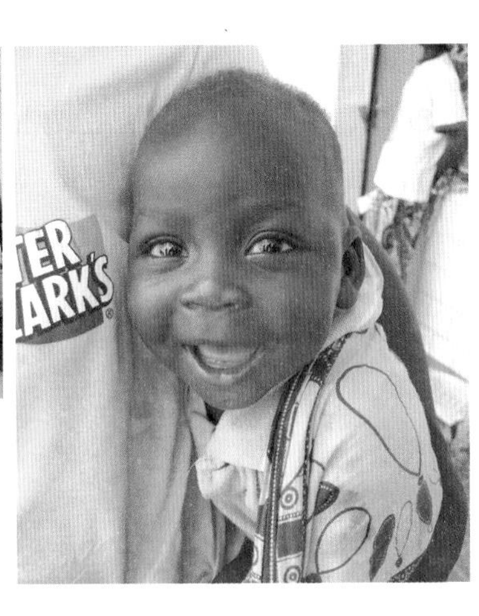

如果可以，我多麼希望擦去每個孩子的淚水與病痛，讓他們重拾最美麗的笑容。

還是吸不上氣。

「這樣的孩子爲什麼不在病房內休息，吸不到氧氣的他一定很不舒服。」我忍不住心生疑問。

不一會兒，一位身穿藍色背心、壯碩的布吉納青年出現了，臉上掛著焦躁不安的神情。原來，他是孩子的父親，爲了拍攝一張胸部X光片的費用（五千西非法郎，約新臺幣三百元），不斷四處奔走籌錢。這張X光片要花費他六分之一的月薪了。

照完X光片後，我跟著他們三人走到兒科病房，病房內環繞著嬰兒的哭泣聲。沒有冷氣、充滿悶熱潮溼的空氣中，混著母乳特有的味道。

因爲病床不夠，約兩坪大的空間擠了三張小病床，每張病床上再塞兩到三位小病人。加上他們的媽媽，有些媽媽沒位置躺，只能坐在床上抱著孩子或是讓孩子躺在身旁。

我仔細看著小弟弟，大約二個月大，嘴唇蒼白，頭骨發育有些異常。用盡自己頸、胸、腹部的每一吋肌肉努力呼吸著。

咖啡色胃液不時自鼻胃管流出，因爲醫院中央製氧系統壞了，牆壁上的氧氣孔及他鼻孔上小小的氧氣鼻導管，頓時毫無用處。就連院裡唯一幾台能用的簡易型製氧機也故障了。也就是說，全友誼醫院沒有氧氣可以用。對一個呼吸窘迫的嬰兒來說，不趕快接上氧氣，病情肯定不樂觀。

來不及伸出的援手

負責照顧弟弟的當地醫師，信心滿滿地用英文跟我們解釋，「你看這位小朋友的病情很簡單，又喘又發燒，從剛剛照的 X 光片可明顯看出是肺炎。已經住院三天，有使用抗生素治療，病情已經比較好了。」

隔天中午，我一下診就去兒科病房找小弟弟，他還是無力地攤在病床上。高燒不退，過度喘氣的情形也不見明顯改善。想起昨天醫師信心滿滿地表示確診爲肺炎了，我不斷和自己喊話，那就繼續肺炎相關治療吧……。

離開病房前，我用簡短的法文跟父母表達慰問，「願你們都健康，願上帝保祐你們。」祈禱著昨日醫生的診斷無誤，最重要的是藥物出現具體療效呀！

第三天門診結束，我擔心小弟弟的病情，特地約凱評一起繞往兒科病房。可是再怎麼張望，都看不到小弟弟跟他的父母。原本病床上的小病人早已換了張新面孔。

我開心地猜想：「難不成小弟弟病好出院了？治療眞的有成效了嗎？」

連忙詢問病床上新病人的媽媽：「原本的小弟弟呢？」

她搖搖頭表示不懂法文，我只好指指病床，「原本的那個小朋友出院了嗎？」

這時，隔壁床小病人的媽媽剛好聽得懂法文，她淡淡地回了我一句：「Il est décédé.」

我整個人僵住了，這個瞬間，我多麼希望自己聽不懂法文、多麼希望聽不懂這句話！但那三個字不斷在我大腦中轟炸，她說——「他死了。」

我不敢相信自己親耳聽到的話，「應該聽錯了吧……明明前兩天爲了活下去，不斷努力呼吸的小小身軀就這樣離開了？怎麼那麼突然，是肺炎或感染惡化嗎？……」

僅僅三個字，就像巨石狠狠壓在我心頭，此刻我多希望自己誤會了。用盡全力開了口，但話卻說的斷續，「什……什麼時候？」

「今天早上。」

那個片刻，我一動也不動地想藉著屏息，挽留不停流逝的時間，想讓時間的沙漏流得慢一些，讓小弟弟的氣息再多待在世上一會。我的腦袋一片空白，從心底溢出深沉又濃濁的難過，像一灘死水、無力又謐靜。

已逝的生命讓我不知如何面對這殘酷的非洲大陸，甚至不知道如何問出「爲什麼？」……像被冰封了一樣，擠不出任何話語。

凱評見我難過的不能自己，匆匆地對那位媽媽說了句：「Merci.」（謝謝。）把我的思緒拉回這個悶熱又狹窄的空間。

離開兒科病房前，我再看一眼那小小的病床，尋不著一丁點小弟弟的影子；看不到生命掙扎過的痕跡。一切彷彿沒有發生過，只見昨天那一瓶吊在床杆上的點滴，孤獨地留下。

這件事在我心中留下極大的震盪與遺憾，才三天，一個生命就無聲無息地離去了。想起第一次在長廊遇到小弟弟的那天，如果我再留意一下、伸出援手的話，是不是能幫他弄到氧氣呢？或是和當地兒科醫師討論病情時，是不是應該「多嘴」提出其他意見呢？

或是第二天發現藥物可能無效時，是不是可以「不害怕地」提出建議，甚至出錢幫他買到更好的藥呢？

《聖經》〈傳道書〉第三章一、二、十一節說：「凡事都有定期，天下萬務都有定時。生有時，死有時……神造萬物，各按其時成爲美好，又將永生安置在世人心裡。然而神從始至終的作爲，人不能參透。」

我們永遠來不及面對生命的逝去。身爲醫師，上帝將我推往前線面對各種生離死別。我何其有幸，也何其不幸，無法脫離，只能珍惜這段緣分。

我永遠忘不了在馬偕醫院工作時，第一次替嬰兒開立死亡證明書的複雜心情。讓人心酸的是，來到這世上沒多久的孩子，第一次有了屬於自己的名字，卻是出現在死亡證明書上。

但父母親卻再也沒有機會喚著名字，親眼看孩子一點一滴地長大了。

身爲醫者，我只希望每個孩子都能有健康的開始。親愛的上帝啊！如果可以，願祢擦去每個經歷天災人禍與疾病的患者、家屬、受難者和醫者們的眼淚。也願祢與每個受傷的靈魂同行，伴著孩子們平安長大吧！

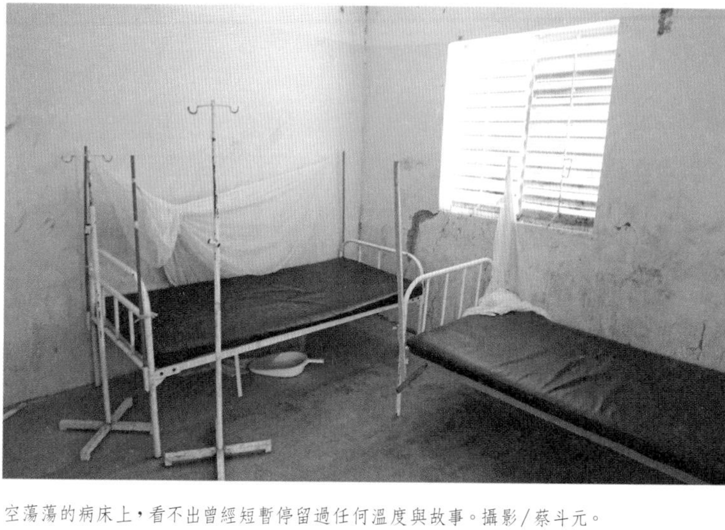

空蕩蕩的病床上，看不出曾經短暫停留過任何溫度與故事。攝影／蔡斗元。

16
無私分享藥物的愛滋病患

人並非為了獲取而給予；
給予本身即是無與倫比的歡樂。
——弗羅姆（Erich Fromm，人本主義哲學家）

一九八九年臺灣上映的《沒卵頭家》，記錄了臺灣公衛史與寄生蟲學上相當重要的一頁。劇情改編自醫師作家王湘琦的小說，描述一九五〇年代澎湖離島神祕怪病的事件。

電影裡，島上男人的睪丸和女人的乳房離奇變大，得病者因此淪爲衆人的笑柄。漸漸地，村裡的人都因得病而無法出海捕魚。對於這樣的情況，衛生所的醫師與廟祝各持己見，造成村民們人心惶惶。

這時，一位來自臺灣的教授，在村民的血液中發現血絲蟲，確診他們得的是「絲蟲病」（Filariasis）。由於治療的藥物昂貴，教授說只要有人願意「捐出睪丸作標本研究」，就可以免費拿到藥。不過，只有村長和一位村民吳金水，眞的到臺灣割下自己的「寶貝」。

故事的最後，因爲大家都無法工作，只有「沒卵頭家」——吳金水能出海捕魚，成爲當地首富。多年後，他領養的兒子考上高雄醫學院，在寄生蟲課發現父親的睪丸，吳金水立刻用高價買回。然而，當他看見巨大睪丸上有一顆黑痣時，才發現那是村長的，而自己的寶貝早已不知去向……。

電影中的絲蟲病，拜公共衛生所賜，臺灣和澎湖等離島早已不復見。病原血絲蟲是由病媒蚊傳播，血絲蟲會進入受感染者的淋巴系統，造成嚴重感染與發炎。長期淋巴迴流不佳的後遺症就是身體不斷地腫脹疼痛，在腹股溝（鼠蹊部）就會造成大睪丸或是大象腿，在腋下就會造成巨大的乳房。

在布吉納法索，還是很多巨睪症（Hydrocele，陰囊水腫）或象皮病（Elephantiasis）患者。因爲治療藥物昂貴，所以聯合國、世界衛生組織（WHO）有絲蟲病殲滅計畫，會提供免費藥物給布國政府，政府再定期投予預防藥物。

看似一番美意的國際援助，事實上卻無法讓所有百姓受惠。

發藥期間，衛生站雖會雇用「走路工」沿途遇到人就發藥，但是布國地廣人稀，缺乏良好的戶政和地政系統，如果村民沒有遇到走路工，就沒有辦法拿到藥，甚至可能被感染。

拿不到藥物治療的絲蟲病

某天，三十六歲的B先生從雷歐（Réo）這個小村莊，騎了一個多小時的腳踏車前來友誼醫院。

一進到我的門診，就看到他整隻右腳從足背到小腿，水腫得像個「麵龜」，大到連鞋子都穿不下。腳踝以及小腿都腫到無法彎曲，走路時只能用左腳拖著呈現L型的右腳，皮膚粗糙緊繃地像隻象腿。

他痛苦地說著：「右小腳腫得愈來愈大了，又脹又痛地實在無法走路。」

經過血液抹片檢查後，確診是絲蟲病。我立刻開立了治療藥物——阿苯達唑（Albendazole，商品名為「史克腸蟲清」）和艾弗麥克素（Ivermectin）的處方箋。其中，阿苯達唑算是藥局常見的寄生蟲藥，但艾弗麥克素卻是罕見藥。

想起友誼醫院的在地醫師曾說過，絲蟲病病人如有需要可以請他們直接到省立醫院免費拿藥。我請B先生直接前往省立醫院拿免費的藥，但隔天回診時，他卻說省立醫院沒有藥了。

我聽到十分驚訝，因爲已經請了好幾位絲蟲病患者去省立醫院拿藥，卻沒有任何人回來跟我說沒藥。爲了一探究竟，我決定陪同他去一趟省立醫院。

到了省立醫院，當地女醫師跟我說下午沒有門診，請我隔天早上再去護理長的門診拿藥。我不希望病患再多痛苦一天，隔天還要特地從鄉下過來，因此決定直接找上護理長。

「您好，我是來問您有沒有血絲蟲藥物——艾弗麥克素？」

護理長翻箱倒櫃找遍辦公室，「這裡已經沒有艾弗麥克素了，完全沒有藥！」天啊！連省立醫院都沒有，就代表全古都古地區都找不到這款藥。那所有的絲蟲病患者不就沒藥醫了？

護理長見我心慌，連忙說：「這個藥是國家計畫，每年會定期發送預防及治療用，發完就沒了。今年的投藥時間還沒到，不過你可以去藥局問問看有沒有。」

這種情況太讓我無言了，因爲我老早就問過全古都古的藥局。每間藥局都回覆我，那個藥屬於國家級計畫，很貴又不是每個人都需要，所以一般藥局是不會賣的。

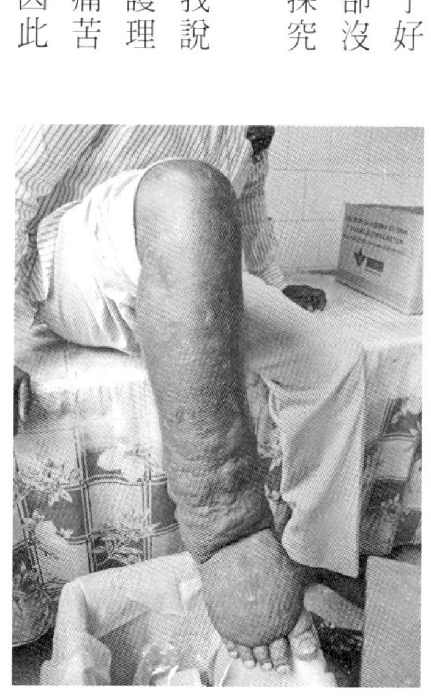

絲蟲病造成的象皮腿，讓腳腫到連鞋子都穿不下。

現在可好了，友誼醫院的在地醫師以爲省立醫院有、省立醫院以爲藥局有，藥局卻說政府才會有藥。每一個環節都以爲藥在別人手上，幾句話就想打發我轉問別處，卻從來沒有人去了解現況。

殘酷的事實就是——全省都沒有藥。想起之前幾位絲蟲病患者，我隨口叫他們直接到省立醫院取藥，是不是讓他們同樣體驗了失落與無所適從呢？自己是否也成爲「漠不關心、只出張嘴」的鴕鳥了……我不禁自責起來。

沮喪的我看著B先生，不知道該說什麼才好。只見他平靜無波的表情，讓人猜不透情緒。接著，竟從口袋裡拿出二瓶藥，請我看看對他的病有沒有效。我一看，怎麼可能！竟然是阿苯達唑和艾弗麥克素，全古都古都沒有的藥！

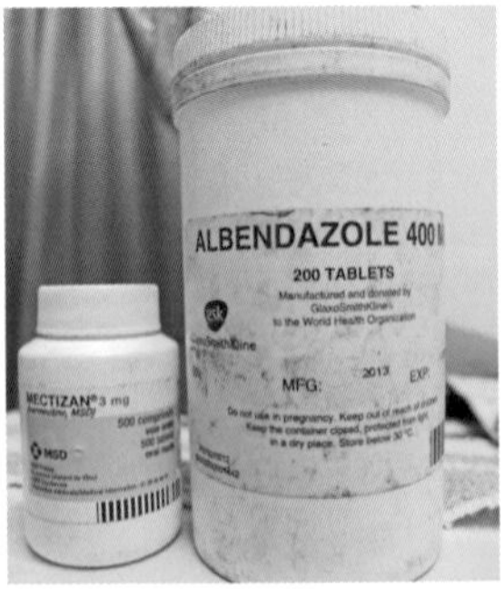

圖右大罐的藥是阿苯達唑，左邊則是艾弗麥克素，感謝上帝與B先生讓我得到這兩瓶藥，得以治療絲蟲病患者。

無私分享藥物的愛滋病患

正在「自體發光」的兩瓶藥罐，原來是他住在首都的親戚因爲替醫生工作、取得藥物後便寄給了他。

找遍全古都古也找不到一顆，現在竟有幾百顆的藥在我眼前。一次治療只需要四顆，一想到一瓶可供好多病人使用，我的心裡就一陣激動，「我在古都古終於找到這顆藥了！」

之前已經遇上好幾位絲蟲病病人，卻拿不出藥治療，想著該不該跟B先生買下一整瓶藥。對一位醫者來說，明明知道如何治療患者，卻因現實而束手無策是非常痛苦的一件事。

但我實在不知道如何「出價」才合理，也許他不知道，原廠藥物一顆三毫克的艾弗麥克素，價值五塊美金。治療一次至少要二十美金，將近一萬西非法郎（等於一個工人三分之一的月薪）。只要他有通路，罐子裡的東西可以讓他變成小富翁。

雖然難以啓齒，但鼓起勇氣、帶著不安的我開口了，「可以跟你買一點藥嗎？」

「Jimmy醫生，如果你要，我可以請親戚下次幫你從首都帶過來。」

一聽到有良好回應，我厚著臉皮地進一步請求，「可以現在就跟你買嗎？我想要給其他病人治療用。」

沒想到，他斬釘截鐵地拒絕我，「我一毛錢也不會收，全部送給你吧！因爲你也幫過我！」

聽到這意料外的回答，我眼睛一酸，內心有些說不上來的情緒與激動漫流。在他

法國公益組織進行表演中。每個孩子依偎而坐，分享、交談著彼此的笑容與喜悅。布國的分享文化，從小便可見一斑。

身上，我看見豐富且慷慨的愛與人性光芒。我忍住想要奪眶的眼淚，雖然他說我幫過他，但其實我只是送他幾顆維他命而已。他的絲蟲病，我一點忙都沒幫上。

我對他的無限感激，除了獻上蹲禮、緊緊握著他的手之外，只能再給他一個大大的擁抱表示，「眞的很謝謝你！」

沒想到我的擁抱讓他滿面笑容，很久沒有人主動擁抱他了，因爲他是一位愛滋病患者。雖然不知生命何時走到盡頭，但仍選擇勇敢活在當下，保持一顆充滿愛的心。

我想起布吉納法索有個關於取水的故事。曾經有位外國人將水源地接條管線供水到自己家，布國人卻強烈提出抗議，認爲水是大家的，有需要時再去提就好。因爲「尊重自然、彼此分享，是比獨自擁有更重要的事」。

原來，我一直排斥又反感的布吉納「分享文化」，其實不是眞的著重在物質、藥物或金錢的多寡，而是一種「愛」的表現。想起那些跟我開口要東西的路人、孩子、朋友和醫護人員，或許只是問我可不可以跟他們分享而已。但我卻在他們身上貼了「貪婪」的標籤，眞正不該論斷他人的是我。

走在傷痛裡的人，更能體會他人的需要。B先生讓我想起印度的街友阿伯，他們擁有的都不多，卻同樣不吝嗇與他人分享，內心充滿令人感動的愛與關懷。

感謝上帝讓我遇見他們，用其生命教我：「愛是我們用錢買不到的寶物，唯有在我們分享生命的同時，我們才能獲得愛」。

17
神奇接骨仙與雞雞巫師

信念是鳥，它在黎明仍然黑暗之際，
感覺到了光明、唱出了歌。

——泰戈爾

常有人問我爲什麼要去印度或非洲當志工，而不到先進國家學習醫療、回臺灣造福人群呢？

我想原因除了追隨連加恩的腳步外，最大的關鍵在於，所謂的世界文明發展方向明確、未來的路清晰可見，但過程中我們卻常忘記腳下的地方，以及自己從哪裡而來。我想找出最根本與質樸的自己。

想起《小王子》童話故事中，「只有用心看才能看清楚，重要的東西是眼睛看不見的。」我問自己：「如果去除外在物質，人類還剩下什麼？去除生活中令人眼花撩亂的現代化產物後，留下來的事物是生命中最重要的嗎？」

於是，我來到一個什麼都沒有的地方——布吉納法索，找回醫療的本質。

然而我發現自己錯了，這裡不是什麼都沒有，而是跟我想的不一樣！我在友誼醫院工作的許多時候，見證了布吉納法索的智慧。

靠兩根樹枝讓骨折復位的「醫術」

有天下午，宗哥牧師特地打電話給我說，霖恩的孩子正在友誼醫院的急診室。因爲電話中沒有多說，反倒讓我十分擔心，「是發生車禍了嗎？還是瘧疾或肺炎呢？或是那幾位愛滋病帶原的孩子發病了？」一掛上電話，我馬上跑往醫院。

在急診室的孩子是霖恩小學二年級的奧古斯丁（Augustin），父親已去世多年，平常的照護者是叔叔。今天陪同就診的是叔叔，以及霖恩的生活輔導員（布國政府規定提供住宿的收容型小學，必須配置生活輔導員）——瑪麗杜（Marietou）。

一眼就看到他的左手不太能舉，手臂外觀有點腫，輕碰一下就會感到痛，神經感覺正常。我摸不出來骨頭哪裡有斷，也不敢太用力觸診。爲了確認手臂狀況，我先開了張檢查單，請瑪麗杜支付費用後、照張X光片。

結果是左上臂肱骨骨折，雖然不必手術，但必須打石膏固定一個月。原本想請團長黃醫師幫他打石膏，但宗哥牧師馬上婉拒，直說只要帶奧古斯丁給大市場旁邊的接骨仙「橋一橋」就可以了。

雖然尊重牧師的決定，但實在有點不放心，就請牧師在奧古斯丁「橋」好後，馬上回醫院再照一張X光。

沒多久後奧古斯丁回到醫院，放射師直問他到底怎麼受傷的？跌倒竟可以骨折成這樣？

「為了抓蜥蜴爬到樹上掉下來的！」這時，大家都忍不住笑了，原來是為了一隻蜥蜴摔斷手。

但被骨折嚇壞的奧古斯丁不但沒有開口喊痛，連一滴眼淚都沒流，真是個勇敢的孩子。

X光片結果出來後，換我被嚇得目瞪口呆！那位江湖術士真的把骨折復位接好了，片子看起來十分完美、一點問題也沒有，真是太神奇了。我不得不佩服布吉納老祖宗的智慧，「接

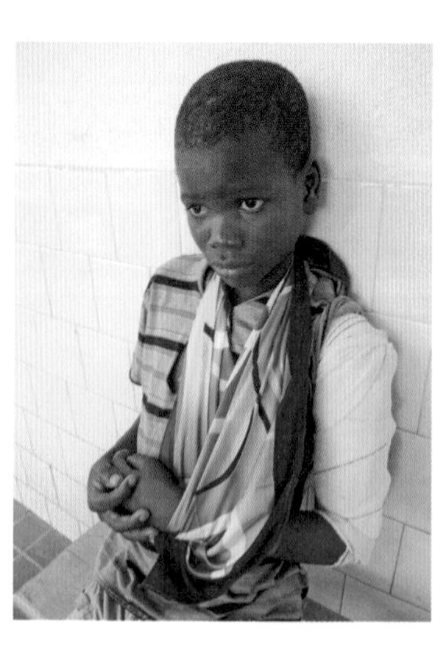

接骨仙直接用樹枝和繃帶固定骨折，後來經由X光證明，接骨仙的「醫術」了得！

骨仙」連X光都不需要，直接用手判斷骨折型態並且徒手復位，用的還不是石膏，而是兩根「樹枝」。

這次真的讓我大開眼界！醫療最重要的核心，不在於有沒有先進的檢查儀器和治療設備，而是病人、醫師、疾病這三角關係的密切度。

接骨仙看的不只是疾病本身，還考量到經濟因素。對一般布國人來說，照射X光和打石膏的費用都相當高，「神奇接骨仙」的作法比起我的方法，更適合且有效率呢！

友誼醫院裡，眾人爭相一睹傳說中雞雞巫師盧山真面目。

「我的雞雞不見了！」

布國人相信世上有超越醫療與科學的力量，不過，有時卻過於迷信。

有一陣子，助理活靈活現地說著不知道傳了幾手的謠言。在古都古有一位男子，相傳只要跟他握手、打招呼，男生的「雞雞」會變不見；女生則是「胸部」變不見！如果想恢復自己的「器官」，沒有掏出個五千西非法郎（在當地可以買一隻烤全雞了）買解藥是辦不到的。

我一聽立刻大笑，「超扯的啦！一聽就詐騙集團，專騙你的錢。」

沒想到某天早上，傳言中的「雞雞巫師」出現在友誼醫院了，引起醫院裡一場大騷動！醫生、護士、病人、家屬……有事沒事的人全跑到「案發現場」湊熱鬧。

事件發生在一位男護士身上，正在幫病人做檢查的他，卻在握到患者的手後，開始神情緊張、驚慌失措，大喊著「我的雞雞不見了！」

眾人逼問病人是不是「雞雞巫師」，但他矢口否認，說自己什麼也沒有做。

不一會兒，「雞雞巫師在醫院裡」的消息傳遍全院，所有人都跑去看傳言的雞雞巫師到底是何方神聖。爲了「找出事情的眞相」，我立刻跑去一探究竟，絕對不是爲了湊熱鬧……。

可是，圍觀的人潮太多了。只知道雞雞巫師被帶往會議室，無論我怎麼探頭張望卻看不到本人，不知道裡面發生了什麼事。就在眾人你一言我一語，上百人嘰哩呱啦、互相討論該怎麼辦時，我順勢擠進那名受害的男護士身旁。

布國傳統藥攤，販賣各式神藥，可以治百病、增進財運、愛情運等……。

我忍不住以「專業醫師」的身分看向他的褲襠，滿腹狐疑地跟助理旺哥（Ouango）說：「我覺得他的生殖器還在啊！」

「護士說剛才自己整個雞雞不見了。請雞雞巫師幫忙後，現在才慢慢恢復。」

我好奇心炸裂，「那他有花錢買藥嗎？」

「當然沒有。」

這顯然是詐騙行爲，眞不知爲什麼雞雞巫師的謠言可以甚囂塵上？難不成是男護士故意製造假事件，奪取他人的關注？事情的眞相已不得而知。但可以看出，人們對於眼前無法理解的人事物，總是帶著敬畏之心與好奇。

剔除多餘的部分，你的核心是什麼？

就在當週末，宗哥牧師在主日禮拜時，提起了全古都古最火紅的「雞雞巫師」。他直言：「一切都是謠言，誰相信誰就是笨蛋。」

宗哥牧師認爲雞雞巫師其實就是「雞雞金光黨」，他們手中可能藏有讓人頭暈、昏迷或全身不適的迷幻藥。

讓握過手的人再碰自己的嘴巴或鼻子時，就會發生類似中毒的現象。當被害者有點神智不清時，就是金光黨騙錢或偷竊的時機。牧師最後更呼籲大家，如果眞的遇到一定要拍下這些騙子的眞面目，公諸於世。

「讚啦！」我開心地在內心大喊。因爲竟連友誼醫院裡的醫護人員都人云亦云地說著雞雞巫師的事是眞的，叫我一定要相信並小心行事。唯獨在神的殿堂，牧師敢跟大家說不要上當，要勇於拆穿這些騙子的假面具。

在教育不普及的布國，教化社會的力量就落在教會的身上了。在布國要影響一個人的想法，科學的力量終究有限，這也是爲什麼宗教在布國人的生活裡扮演如此重要的角色。

在友誼醫院裡，最高大的建築是天主教教堂，外觀像個大斗笠，從醫院外圍就可以清楚看見。此外，還有小一點的穆斯林教堂與基督教神召會教堂。

對布國人而言，日子過得好壞不是看外在擁有什麼，而是內在是否平安。每當我束手無策、難過地面對患者時，他們總能微笑面對接下來的生活，安慰著我「醫不好也沒關係，這就是人生啊！」

簡單一句話的背後，其實是股堅實卻看不見的信仰力量。

原來我所尋找的，去除現代化科技、絕對的科學理論後，生命所留下的竟是信仰。在這裡，我逐漸體悟到人生應該像塊木頭，藉著雕刻人生，剔除不重要、多餘的部分，而裡頭的核心、永恆存在的，就是我們的信仰。

友誼醫院裡的天主教教堂，外觀是大而顯眼的圓斗笠，內部則是潔淨莊嚴的石子椅。

18 跨海求助的口腔腫瘤病人

一個人若能為別人的生命與人道的法則著想，縱使他正在為自己的生命掙扎，並處於極大的壓力之下，也不會全無回報的。

——邱吉爾（Winston Churchill，英國政治家）

在我返臺前一個多月，團長黃醫師告訴我們有一位臉部被碩大腫瘤嚴重擠壓的病人來醫療團求助。

二十五歲的F小姐，多年來被疑似「顎骨造釉細胞瘤」（Ameloblastoma）所困擾，爲此甚至前往了鄰國象牙海岸（Ivory Coast）及迦納（Ghana）。但臉部腫瘤手術必須切除部分下頷骨頭，還需移植小腿外側的腓骨做下巴重建與整型。

不僅手術具有相當的難度，手術費用更讓患者與其家屬卻步。病人輾轉得知古都古友誼醫院，有位來自臺灣很厲害的外科醫師——黃其麟團長，便前來尋求一絲希望。

不過，因爲種種因素黃團長無法幫忙，F小姐便自行提議有沒有機會到臺灣開刀？不知需要多少費用？

這個問題其實十分困難，礙於現行制度，我們醫療團、駐布國的臺灣大使館並沒有辦法成立類似的國際轉診模式。畢竟，跨國際的醫療合作是個大工程，從越洋進行的患者病情評估、臺灣的旅費與食宿，到實際手術與術前評估產生落差時的解決方法，以及術後長期的復健與照護、家屬的陪同與支持等，都不是一句「我想要到臺灣開刀」就能解決的。

如果沒有完善的計畫，病患來臺就醫的過程會出現各種問題，有時候反而讓病患受到更多磨難。黃團長基於醫者的人道考量，仍以私人的名義請役男們向臺灣尋求可能的解決之道。

一件看似美善的良事，仍有許多現實層面需要妥協。

二〇一四年七月，我們寫了很多電子郵件到臺灣各大基金會尋求協助，詢問了數十間慈善基金會都沒有回音。最後，我轉而透過馬偕醫院鄭頌苑牧師，詢問馬偕醫院是否能幫忙這位患者。

越洋醫療救助的現實

七月底，馬偕國際醫療中心徐永偉主任雖和我不認識，但仍主動在臉書（Facebook）上跟我連絡：馬偕的確有國際弱勢族群就醫補助的辦法，但依規定必須透過官方單位提出請求才能啓動。

而具二十年非洲服務經驗的黃團長，提出另一個角度的隱憂：「將患者送回臺灣的就醫模式，並沒有辦法讓布國的醫療眞正獲得提升。」這同樣是國際發展與合作最常談到的觀念：「給他們一條魚吃，不如教他們釣魚；教他們釣魚，不如教他們養魚！」

我們終究是異鄉人，總有一天要離開，短暫的過客不能只想著單靠自己的力量改變世界，而是要與當地人一同面對問題與困境。

很可惜，當黃團長跟患者說明來臺所需的費用後，對方表示無力負擔，我們只能請她尋求其他醫療協助了。

然而，上帝似乎還未停手。過兩天，當時的馬偕醫院楊育正院長寫信給我，表達對此事感到可惜；張文信前副院長則表示願意再試看看，希望能複製臺灣與吉里巴斯（Kiribati）的合作模式。

因配合政府外交政策，馬偕醫院投入太平洋島國吉里巴斯的醫療衛生計畫。除了

面對越洋醫療救助的現實，無涯的星空啊，你能指引我一個方向嗎？

定期義診，更設有轉診病人來臺接受醫療照護。二〇〇六年起已有百位吉國患者來馬偕開刀。

但我們臺布醫療合作計畫裡，並沒有轉診模式。如果要另闢蹊徑，唯有重新由外交部、大使館增加合作計畫的內容，才能透過國家級的合作爲患者開刀。但我們不能隨便將納稅人的錢用在非指定用途裡，而且患者也無法承擔來臺開刀的費用，至此只能婉謝馬偕醫院的好意了。

然而，徐永偉主任似乎不放棄爲上帝做工的機會。他跟我說，上帝透過我讓馬偕的院長、副院長、主任、牧師們看見西非一位病患的需要，馬偕願意盡全力協助。更在信中激勵我：「上帝要讓我們在困難的環境中，仍然能持有助人的心，必定有祂美好的旨意。」

在醫者初心與現實的拉扯下，我甚至跟相處了快一年的役男戰友們發生爭執，就因爲彼此對於這位病人的醫療意見不合。

夜深人靜時，我只能抬頭看著星空，苦悶地喃喃自語，「上帝啊，爲祢做事怎麼這麼苦呢？」

這一次，上帝沉默了，祂沒有回答我的問題。或許這一次過於急切想要幫助患者的心，只是自己的好大喜功，並不是祂的旨意……。

一千四百六十五個日子後，我的初衷去哪了？

難過、自我懷疑的心情像濃霧般籠罩，我只能藉著讀《聖經》讓內心安定。就在徐主任回信的同一天，上帝再次透過〈彼得後書〉第三章九節的經文回答我：「主所應許的尚未成就，有人以爲他是耽延，其實不是耽延，乃是寬容你們，不願有一人沉淪。」

我一個人在房間裡哭了。親愛的上帝啊，原來，祢一直看著這件事情，祢知道我的心。

可惜成就這件事的時機未到，代表我必須有更多的預備，讓臺布的醫療關係有更多的合作，再回去做上帝應所的事，才能幫助更多在病痛中受苦的靈魂。

我知道，上帝做事有祂的心意，有祂的時間表，在其眼中才看得見永恆。現在，我只需做好眼前的事、盡自己最大的力，我寫信給徐主任，感謝馬偕醫院的好意。

徐主任馬上回信了，信上還引用了〈羅馬

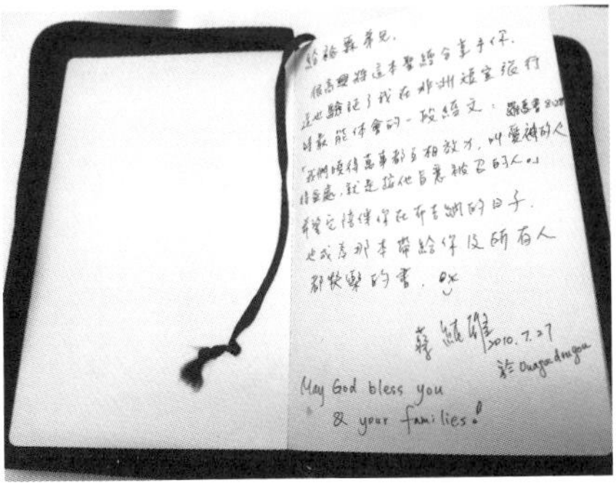

每當我感到迷惘，回想起純雅姐妹寫下的經文，就能提醒我在二〇一〇年夏天，向上帝許下的願望與初衷：「我要讓全世界的人都快樂。」

書〉第八章二十八節：「我們曉得萬事互相效力，叫愛神的人得益處。」安慰我。

感動的眼淚再也忍不住。這是我第一次認識神的經文！徐主任完全不認識我，他不知道這經文對我來說，意義有多重大。

二〇一〇年夏天，我隻身來到布吉納法索，從純雅姐妹手中拿到一本聖經，這是她當時寫下的經文，更是我認識神的起點。經過一千四百六十五個日子，同樣的夏天、同樣的古都古，同一句經文再次重現我的眼前。

在這件事情中，我難過自己沒有幫上患者的忙，付出了心力卻白忙一場。過程中，甚至懷疑神遺棄了我，不伸出援手。然而，兩句短短的經文，實實在在地告訴我，即使我是個不完美的人，遇到無助與無奈，神依然在我心中賜下永恆的平安，與每個呼求祂的人同在。

上帝，感謝祢，一直與我同在。

第3部

二萬公里外的角落，那些美好剎那帶來的永恆

19
我在霖恩小學，見證剎那與永恆

我更需要的是給與，不是收受。
因為愛是一個流浪者，他能使他的花朵在道旁的泥土裡蓬勃煥發，
卻不容易叫它們在會客室的水晶瓶裡盡情開放。

——泰戈爾

二〇〇〇年連加恩到布吉納法索服外交替代役，建了一所孤兒小學——霖恩小學，二〇〇四年十一月正式招收第一批學生。二〇〇五年，我因爲一本書認識了霖恩小學，五年後眞的飛往布吉納法索當志工。

二〇一三年，我再度藉外交替代役的機會回到布吉納法索。後來才知道，連加恩那陣子都在跟上帝禱告，希望有人接手他在布吉納法索的工作，於是我成爲他禱告中的那個人。

我從沒想過自己會和連加恩在西非相遇，或許在我許下非洲夢的同時，上帝已經安排了二〇一四年的這一刻。我看著連加恩的當地友人，不遠千里來古都古只爲見他一面，多麼純粹又動人的友誼。

一張拍下永恆的照片

二〇一〇年，我以醫學系學生的身分第一次來到布國，因還不是醫師無法進行醫療工作。於是，我每天跑到霖恩小學及孩子家中訪談，和孩子非常親近。

三年後我的身分不同了，有醫師及役男的責任，反而不能常常離開團部。但我仍然利用空檔時間，自願當

左圖中，可看出低年級的小朋友，用小黑板和海綿擦練習寫字。右圖為高年級教室，雖然缺乏電力，但孩子們仍珍惜有屋頂、桌椅和書本的幸福。

霖恩小學的志工，記錄孩子們的生活，讓更多臺灣人知道這群孩子的故事。

因爲想知道大家的近況，我麻煩讀國二的帕特里斯（Patrice），將四年前比較熟的孩子找來。出乎意料的，赴約的人並不多，因爲大部分的孩子都畢業了。有人離家到其他城市跟親戚同住；有人畢業後踏入社會，甚至遠至象牙海岸賺錢養家；也有失去親人的孩子被領養到義大利。

當中有好幾位女孩，國小畢業就出嫁了。雖然對當地人來說實屬常態，但心裡仍泛出一陣酸楚。

對於這群原本無法念書的孩子來說，在霖恩小學的日子，是人生中的一場意外，也是上帝賜下的禮物。但是小學畢業後，如果沒順利考上國中，就再也踏不上受教的道路了。

有些事一去不復返，就像我第一次到霖恩時，拍下的那片伴著白雲點綴的湛藍天空，不管之後去了幾次，再也拍不出那個豔夏午後的美景。人生只有一次，過去的不會再回來，繞圍在我身旁的孩子也是、缺口永遠都補不滿了，剩下的只有彼此的回憶罷了。

四年後再相見，孩子們掛在臉上的燦爛笑容，我永遠忘不了。

我們熱烈地聊著天，還聽到一個好消息。和媽媽相依爲命、成績相當好的應屆畢業生——蕾歐妮（Léonie Koala），如願考上國中了。

四年的時間，有些人已經走出交集的軌道，但我深信回憶已深埋在我們心中。

某天下午，我特地拜訪了蕾歐妮的家。一個簡單的土造房間就是家的全貌。她一見到我，立刻搬了張椅子請我坐下。在布吉納法索，將家中最好的椅子讓給客人，是基本的待客之道。

我好奇地詢問四年前一起拍的拍立得照片還在嗎？原本猜想可能已經破損或遺失。但令我意外的是，蕾歐妮的媽媽走回房裡拿出一張保存良好的照片。

小小的照片上完全沒有褪色或汙損的痕跡。

握著四年前的照片，一幕幕回憶隨著照片裡的笑容湧現。當年，嬌小的蕾歐妮、慈祥的媽媽，以及蕾歐妮家中的玉米田與穀倉。那段已逝的青春裡，有我因爲水土不服消失的五公斤，和豔陽下快速輪轉的腳踏車。

在我離開前，蕾歐妮的媽媽拿了一大籃花生要送我。一籃花生，對我們來說可能不是那麼貴重，但對她們而言可能是收入的來源。

雖然不好意思收，但在布吉納法索，拒絕收禮物對主人來說是種無禮的行爲。只好大方收下她們的心意，再轉交給霖恩小學的其他孩子。把愛傳下去，是件萬分美好的事情，在給予的同時，心情絕對獲得更大的滿足。

蕾歐妮和媽媽小心收藏著四年前我們一起拍的拍立得照片。

在西非這十個月裡，我非常感激遇到許多像蕾歐妮媽媽一樣善良的人，他們用最樸質的善意，讓我記住每個美好的片段。

因爲愛，我與霖恩孩子的人生就此翻轉

二〇一四年，我參加了霖恩小學第四屆的畢業典禮。那年共有二十一位畢業生，其中十八位順利考上國中。

典禮一開始由牧師帶領大家禱告，接著就是全體師生載歌載舞歡慶這值得紀念的一刻。身爲賓客的我，坐在宗哥牧師身旁，看著幾位熟面孔都變成小大人，開心自己有幸參與他們的人生。

在僅能遮雨卻無法擋風的小小「禮堂」裡，聚集了許多家長、村子長老和低年級的同學們。忍不住想起自己四年前的此時，也誤打誤撞參加了第一屆畢業典禮。

人生啊，永遠猜不透你會走進哪裡。

牧師與幾位長老致完詞後，就輪到孩子們的表演和我上台致詞了。其實我超緊張的，雖然不是正式的榮星教會代表，但我希望自己的祝福能讓霖恩所有的孩子知道——臺灣永遠不會忘記這裡。

大家午安，我很榮幸可以參加這次典禮。這是我第二次參加了，四年前我在同個地方參加了第一屆畢業典禮。

我很高興今年霖恩第一屆的學生蘭伯特（Lambert）要去念高一了，四年前的他跟你們一樣從這裡畢業，一直努力表現到最好。

今天要送大家一句話，在《聖經》〈羅馬書〉第八章二十八節：「我們曉得萬事都互相效力，叫愛神的人得益處，就是按他旨意被召的人。」

這句話幫助我很多次。也是我為什麼到布吉納法索兩次、臺灣人要幫助你們的原因。因為你們愛神、向神禱告，讓我們有機會來到這裡。在神的國度裡，我們是彼此

畢業典禮中，家長臉上盡是感動與喜悅。

相愛的一家人。

或許有些同學會擔心上國中學費的問題。我們會持續在臺灣求得幫助，繼續支持你們。願上帝祝福你們。

看似短暫的善舉，卻吹起一股強大、永恆的改變力量。看著當初因經濟困境無法受教育的孩子，因爲霖恩的存在，生命得以翻轉，內心不禁激動了起來。

上帝與我們沒有放棄這些孩子，神與人類的愛，眞實又緊密的存在！

歲月的流逝，帶走的是青春，然而我們踏過的足跡與奉獻，讓更多愛的種子在這片土地上發芽。如同尼采所說：「人類的生命，不能以時間長短來衡量，心中充滿愛時，剎那即爲永恆！」

而我在霖恩小學，見證了剎那與永恆。

20

二十四歲的國中生

你所擁有的力量絕對超乎自己的想像，能讓你飛得更遠、更高。不自我設限，你實現的理想會比想像中更高遠。

——尼采（Friedrich Wilhelm Nietzsche，德國哲學家）

第一次見到蘭伯特，是在攝氏四十度的七月天。

一個大男孩卻穿著來自臺灣中山女中的深黑色背心、卡其短褲，但絲毫不覺得悶熱，因爲這是他最體面的穿著，每當有客人造訪時的「隆重裝扮」。而今天他的客人就是我，我的到訪讓內向的他、害羞地低著頭慢慢訴說著自己的故事。

一條裝載著夢想與未來的十五公里路

「四歲時，我的爸媽就過世了，聽阿公說是因爲腸胃問題和不會好的傷口……其實我也不知道一個傷口爲什麼會死人。我和阿公相依爲命住在提哥摩西村（Tiogo Mossi），就在古都古近郊的小村子。姐姐已經嫁人了，我有三個哥哥，和其他四百萬名布吉納法索移工一樣，在鄰國象牙海岸討生活。其中二位種咖啡和可可田，另一位則當守衛。」

「那哥哥有給你錢或是幫忙阿公養你嗎？」看到蘭伯特稚氣未脫的外表下，藏著一顆成熟穩重又有禮貌的內心，和印象中小學六年級孩子會有的樣子完全不同，讓我忍不住發問。

「哥哥久久才回來一次，會帶回一些東西和現金。但因爲咖啡樹種植後的前幾年沒

右圖中的右一為穿著中山女中制服、小學剛畢業時的蘭伯特。在左圖中，後排右三為蘭伯特的叔叔，有十幾個孩子，家庭負擔很大，沒有辦法再支付蘭伯特的學費。

辦法收成，錢很少。就算有一點點收入，他們也有自己的家庭要養，所以沒有辦法讓我去念書。」

老實說，蘭伯特是個幸運兒，因爲全布吉納法索有七〇%的人一輩子都沒受過教育。尤其是父母過世的孩子，對他們而言「教育」是遙不可及的兩個字。

就因爲看見這些一出生就沒有盼望的孩子，連加恩才會在十幾年前跟宗哥牧師決定蓋一間私立小學。

當時爲了招募第一屆霖恩小學新生，兩人在村子裡挨家挨戶地尋找失學的學齡孩童。拜訪過程中，他們發現一個家庭平均有六個小孩，因爲貧窮，只有長子有機會受教育，女孩子更是十幾歲不到就嫁人了。

霖恩小學的存在讓蘭伯特重燃希望！但由於當地政府規定超過十歲不得入小學，爲了念書，十四歲的蘭伯特只能謊報年齡，進入這間由臺灣人一磚一瓦打造的愛心小學就讀。

蘭伯特非常用功、功課很好，因爲他深知每個能念書的日子，都是神所賜的恩典。二〇一〇年，他以霖恩小學第一名成績畢業，和其他霖恩的孩子一起考上古都古第一志願省立國中。

這在當地可是一件大事，但隨之而來的交通和學費問題卻讓他非常苦惱。

最後，臺北的榮星教會決定繼續募款支持孩子上國中的學費，然而交通仍是個難題。每天的上學之路，是一條來回長達十五公里、顛簸的紅土路，沒有柏油、沒有排水系統。每當下雨時，路上就會出現河道。

村子裡念國中的孩子，幸運的可以借住市區親友家，否則只能每天騎腳踏車或走上十五公里的路上下學。所幸，霖恩小學的主任老師香黛兒（Chantal）無條件支持蘭伯特，願意讓他和老師一家四口同吃住。

我問香黛兒老師：「爲什麼願意提供蘭伯特食宿，讓一個陌生人住在自己家中，甚至還幫他安排一間房間？」

老師靦腆地笑笑，很客氣地告訴我：「沒有特別的原因。我想自己可以幫他，就幫忙了。」

這是什麼樣的大愛呢？我很不解，直到我看到《聖經》〈腓立比書〉第二章四、五節裡的一句話說：「不要只顧自己，也要關心別人的利益。你們要以基督耶穌的心爲心。」我才了解這就是老師嘴巴沒說、卻以實際行動表現出來的「愛」。

圖中右方為蘭伯特，正帶我走一趟他的上學之路。

路燈下的書房

二〇一三年我回到布吉納法索。三十二歲的我和二十四歲念國四的蘭伯特，常席地而坐、漫天聊著布吉納法索、臺灣、教育、夢想……因爲他，讓我對布國的生活與文化有更多的認識。

某天我請蘭伯特帶我去他念書的環境看看。沒想到，他卻帶我來到大馬路旁的路燈下。

儘管解決了上學的交通問題，但香黛兒老師家裡和多數布吉納家庭一樣沒有水跟電。所以，晚上只能借助大馬路旁的路燈念書，這裡就是他的「書房」。

十幾年前連加恩第一次到布吉納法索時，夜晚路燈下總是聚集很多念書的學生。十幾年過去了，在經濟快速發展的今日，路燈下仍有許多莘莘學子，靠著昏黃的光線，照亮手中緊握的筆記本。因爲這是唯一能夠翻轉未來的希望。

我們在路燈下聊了一整晚。

我忘不了他一言一語、沉重又眞實的夢想：「我想當一位胃腸科醫生，因爲我的爸爸媽媽很早就過世了，我知道沒有爸媽的感覺。小時候如果不是阿公和大哥照顧我，我現在不知道會在什麼地方。我很喜歡念書，謝謝臺灣人讓我念書，所以我要比班上的同學更努力才能實現夢想。」

夢想，在不同的地方，有不同的重量。對蘭伯特來說，夢想是不斷累積汗水與淚水的。

我靜默了一陣子，緩緩問道：「香黛兒老師家裡沒電，你這四年國中生活是怎麼過的呢？」

「其實，老師家裡原本有一塊太陽能板，可以點亮一盞燈。但去年被小偷偷走了，所以我只好每天晚上走到路燈下念書，從晚上七點念到十點，回家洗澡睡覺。隔天凌晨三點再念到六點，七點騎腳踏車到學校上課。」

一個小偷的貪念，不但拿走了金錢，也偷走了一家人的光明。

就算每天只睡五個小時，他仍然選擇不被環境限制，一心爲夢想努力，每天「站」在路燈下唸書。

「這裡燈光暗，坐在椅子上看書很容易睡著。而且路燈下容易有蚊子，邊走邊念比較好。」就這樣持續一整年，他每晚站在路燈下、手上拿著上課抄來的筆記。

他摸摸頭、不好意思地說：「我沒錢買課本，只能把老師課堂上的東西全部抄下來再消化。」當下實在難以想像，我們一直視爲理所當然的書本、書桌、檯燈，甚至冷氣機，對某些人來說可能都是奢望⋯⋯。

那年夏天，二十四歲的他國中畢業，考上第一志願古都古省立高中。這個在路燈下努力不懈的孩子，成了全霖恩小學、甚至是全村的驕傲。

我和朋友為了鼓勵他，送了一塊太陽能板作為他考上高中的禮物。我很開心見證了一個少年用生命去實現夢想，而且在與臺灣榮星教會及畢嘉士基金會討論後，我們決定繼續支助他高中的學費，這個消息讓他開心了好久。

我好奇地問：「你考上高中第一件事要做什麼呢？會去上高中先修班嗎？」

「那個要五千西非法郎（其實只是新臺幣三百元）很貴耶！我要去工地蓋房子打工，一天可以賺一千二百五十西非法郎，準備一些錢開學才夠用。」

我非常欣賞這位二十四歲的國中生，他不僅在逆境中踏實築夢，對於外界的協助更是心存感激、萬分惜福。我不知道未來會如何，但我會一直為他禱告，求神保守他的心，對身邊家人、朋友和所有幫助過他的人心存感恩。

一個當年連小學一年級都沒辦法入學的孩子，透過點滴愛心的灌溉，成為第一志願高中的學生。

長久以來擔任霖恩小學贊助人、日前辭世的高雄醫學大學醫學研究所張慧秋教授跟我說：「如果這個世界上，有一個人因為你的存在而呼

路燈下的少年，微弱燈光照耀著逆轉未來的希望。

吸得更自在，就不枉此生。」

很多時候我們不知道播下的種子何時發芽，我們沒辦法改變世界，但絕對可以透過小小的行動，帶來正向的力量，改變一個人的未來。

我彷彿預見幾年後，蘭伯特將成爲霖恩小學第一位大學生。他會是一位傑出的醫生，可能會賺很多錢或很有地位，但最重要的是，我相信他絕對會是伸出援手幫助更多路燈少年的人，我相信！

我和臺灣朋友買了太陽能板送給蘭伯特（左一），慶祝他考上省立高中。希望這個禮物讓他以後能在家裡念書。

21 貧窮國度裡最富有的力量與種子

希望是永遠的喜悅，有如人類擁有的土地，是每年有收穫、絕不會耗盡的確實財產。
——史蒂文森（Robert Louis Stevenson，蘇格蘭小說家）

有人說非洲是被上帝遺忘的角落，但事實是——上帝給予非洲的遠比我們想像的還要多。

布吉納法索位處西非內陸，氣候乾燥、日照強烈，不下雨的冬天相對溼度只有一〇%。在相對溼度下，四〇至七〇%人會覺得舒服；二〇至三九%便會覺得乾燥……現在，你可以閉著眼睛想像一下，一〇%的相對溼度會讓人感到多乾燥：汗一落在皮膚上、立刻被空氣給蒸發到無影無蹤。

剛到這裡時，我的雙手每天都在脫皮，甚至連呼吸都覺得不舒服。而且因為乾燥，呼吸道黏膜上纖毛的運動會減緩，非常容易咳嗽。

最讓我不舒服的是，跑步時每換口氣，乾空氣一竄到喉嚨裡的熾烈。別說跟當地人比賽跑步了，外地人連呼吸都不適應。我常說，在非洲生活眞的不容易，很佩服當地人生活地這麼自在。

布吉納法索裡上帝的寶藏

非洲的乾旱讓許多植物無法生存，唯獨有一種植物只生存在西非——乳油木果樹。乳油木果

布吉納法索的冬天，處處可見皸裂的大地。

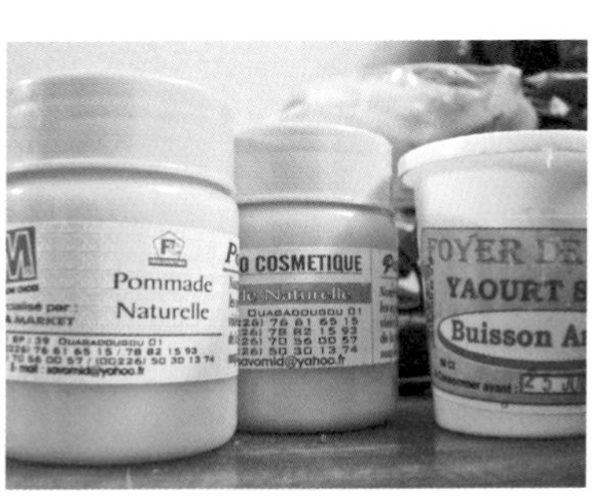

左圖為乳油木果籽，右圖左邊二瓶為乳油木果霜。乳油木果裡的油脂可生吃、可用於肌膚保養，還能清潔秀髮呢。

油是美容聖品，具有保溼滋養、防晒修復、抗氧化等作用，據說連埃及豔后都愛用。

被稱爲「非洲軟黃金」的乳油木果，自一九八○年代開始，法國知名保養品牌就是最大的買家，並成功將乳油木果的系列產品銷售至全世界。

在專櫃購買一條一五○毫升、含二○％乳油木果油的護手霜，要價新臺幣一千一百元；但在布國一般市場裡，只需新臺幣不到一百元，就可以買到五百毫升、含量一○○％的純天然乳油木果霜。

根據報導，布國一般民眾月薪約是二千至六千新臺幣，但一塊乳油木果油的肥皀可能帶來一年營業額三千多萬新臺幣的收益。

只須輕輕一抹，極度滋潤保溼一整天。在布吉納法索三百多個日子裡，因爲這大自然的禮讚，讓我得以順利度過乾燥的冬天。

此外，布國蘊含難以估計的太陽能。我曾經將洗過全溼的衣服晒在太陽下，只要一小時就完全乾燥，眞的是環保、天然晒衣場。

布國農業也十分發達，是非洲最大的棉花出口國。而且，自二〇〇九年開始，布國成為繼南非（Republic of South Africa）、馬利（Republic of Mali）、迦納之後，非洲第四大黃金生產國。

世界各國正在這展開淘金熱。不過，礦場的工作安全與童工問題日益嚴重。高工時壓榨、缺少工安防護，工人必須出入近百尺深的簡陋礦井，甚至赤手接觸提煉黃金的水銀……在非法金礦場工作，因礦場坍塌造成礦工罹難的新聞更是時有所聞。

上帝一番美意賜給布吉納法索黃金，這看似美麗的故事，卻因人性無窮的慾望，增添一絲哀愁。

日復一日，我們朝著什麼前進呢？

每每和這塊土地的人民交流時，總是有股向善的力量在引導著我。

布吉納法索的醫院數量少又遠，舉偏遠地區來說，一百公里內只有一名兒科醫師。第一線醫療由衛生站的護理師、護理長負責。婦產科醫師更是少之又少，所以第一線接生的任務會由衛生站的助產士負責。

為此，臺灣醫療團每年在首都國家醫院裡，會舉辦四次的全國護理長及助產士訓練班，其中有許多很棒的年輕人。

其中一位訓練班的種子學員——J先生，有一天突然問我：「人生是什麼？」（What is life?）

乍聽到這個問題，我竟感到愴惶，一時不知如何回答。接著，他字字清晰又有力地說著：「人生，就是要成爲別人重要的人。」（Life is to be important to others.）

其實在布國這些日子，我很少聽到有人說這樣的話。J先生曾來過臺灣受訓二個月，所以對於臺灣和布吉納法索的差異有著極深的感觸。

比方說，他認爲臺灣的窮人努力工作想跟有錢人一樣，但布國的窮人有時會嫉妒有錢人，卻不認眞工作、渾渾噩噩度日。而國家的腐敗，在於有錢有權的人只爲了自己好，國家當然沒辦法進步。

他像是被觸動了什麼開關，接著說：「我認爲布吉納人太懶惰了，不像臺灣人都很努力，所以臺灣才會如此進步。」

我靜默了，或許他說的是對的，但同時我不

J的一席話，讓我思索著人生是什麼？自己朝著什麼目標在前進？

禁反思，很多時候我們只是讓身體忙碌地活著，但內心是冷漠沉寂的，可能比不上布吉納法索的人民那般快樂自在。

有時日復一日，我們根本不知道自己在做什麼、想做什麼，生活缺乏目標。其實一個人最重要的，不是做了多少事，而是知道「在什麼時間做什麼事」，才有意義。

他的提問讓我思索臺灣進步的原因。我最後得出了一個答案，「臺灣會進步是因爲教育，讓每個人去想怎麼讓自己更好。」

我朝向J開口了，「知識對於布吉納來說是最重要的，每個人的生活才能有大規模的翻轉。」

因爲，布吉納法索是世界上教育程度最差的國家，平均每位國民只受過一・三年的教育，全國識字率僅有三成左右。大部分的人都不識字，更遑論大學教育，「難進更難出」。

布吉納全國僅僅只有七所大學，離我們最近的古都古大學創立於二〇〇五年，是間年輕的學校。雖然在國際上可能沒沒無聞，但在布吉納法索，仍然是大家想進來卻讀不起的大學。

光一年學費就要七萬五千西非法郎（約新臺幣四千七百元），對當地人來說是非常昂貴的。除了學費，還有離鄉租屋、伙食費等大大小小支出。

在這個國家，能夠一口氣念完大學的，全都是家庭經濟小康的人。很多三十幾歲的大學生，書念到一半，因爲沒錢只好休學工作賺錢；或是有了家庭，更要賺錢養家，等幾年後存夠了錢再回去念完。

古都古大學裡的希望種子

培養教師爲主的古都古大學，離醫療團所在地最近，所以我偶而會去找當地的朋友。這裡硬體建設貧乏，不過一走進校園就能感受到書香與咖啡香。

我非常喜歡其中一棟教室，三層樓房、中間帶有一個小中庭。一樓有簡單的咖啡店，賣的是簡單的即溶黑咖啡，二樓則是圓形的平台，可以直接連結四方教室。

這樣的空間，我想在臺灣校園裡，絕對是下課聊天，約吃飯的好地點；但在古都古大學，這個小小空間是同學們帶著筆

右圖為古都古大學一景。左為古都古大學裡的大講堂，即使沒課，講堂內仍有不少學生，為自己的未來一點一滴努力著。

記、下課討論之用的。畢竟，能夠走進古都古的大學生，都背負著全家、甚至是全村人的期待與未來。

餘溫的夕陽照射下，我靜靜地待在古都古大學，看著同學們踢足球、在廣場練中國武術或跆拳道，竟有一份閑暇與舒適。

當地的朋友看著遠方、用堅定的口氣跟我說：「雖然布吉納法索一九六〇年才從法國獨立，現在還是個窮苦落後的國家。但是，我們都相信國家的未來會更好。因爲我們有幅員廣大的國土，上帝恩賜的物產，充滿包容的社會，以及不少勤奮的人民呢。」

我想起了路燈下的蘭伯特、已經當幼稚園老師的伊斯德哈、和很多我沒辦法一一介紹的朋友們，他們都是布國的希望。

想起作家魯迅說過的一句話：「希望本是無所謂有，無所謂無的。這正如地上的路；其實地上本沒有路，走的人多了，也便成了路。」剛踏上這片土地時，看似一片毫無希望的荒漠，但生活一陣子後，我發現上帝並未遺忘這裡。

因爲放眼望去，處處皆有充滿信心與抱負的人們，無論是大小學生、水果攤老闆、孤兒寡婦、餐廳裡的服務生、修理腳踏車的孩子、修理手機的少年……他們都有屬於自己夢想的故事，一步一腳印、用自己的方式努力著，前仆後繼，爲布吉納法索的未來開創出一條路。

手上拿著焊接槍拯救當掉的手機，雖然不是什麼專門的工作，只要有些微薄收入，生活快樂就好。

22 記憶中阿婆的玉米

愛是由家庭中開始的，當我們充分享受愛的成果時，應該把愛傳播出去。
——德蕾莎修女

臺灣四季分明，而布吉納法索一年只有兩季：十月到隔年五月的乾季；六月到九月的雨季。但其實比起人類更了解氣候的，便是植物。布吉納法索的年初是草莓季，雨季前有芒果季，夏天有玉米季，年底則是西瓜季。

你沒看錯，西非荒漠也能種出草莓，而且粒粒都

令人垂涎欲滴的布吉納法索草莓，是有錢人才吃得起的水果。

芒果季一到，街上的小小攤販就像是嘉年華。手掌大的一顆新臺幣五元，比手掌還大的一顆也只要新臺幣十元。

有半個手掌大。我不禁讚嘆當地人眞的很不可思議，直接在草莓田旁邊挖水井，請專人每日澆水，努力讓苦澀紅土沾染草莓的鮮甜。

西非荒漠的水果嘉年華

四到六月是「芒果雨」的季節。因爲到處都是結實累累又多汁的芒果，一陣大雨，從天而降的是滂沱雨勢與金黃色的芒果。

古都古多數是小型水果攤販，一個攤位只賣一種水果。家中只要有一棵芒果樹，採集幾顆果實後就能拿到街上販賣，樂當水果攤老闆。就算生意不好連幾天賣不出去，還是能拿回家自己享用，一點都不浪費。

也許對他們來說，水果是上天的恩賜，賣不賣得出去是其次，大家聚在一起擺攤，彷彿一場水果嘉年華會，開心最重要。

芒果季的前奏就是蒼蠅大軍，因為芒果的花粉溼黏，風力無法帶動，必須由昆蟲作媒介傳播。而授粉不是靠蝴蝶，需要的是蒼蠅，所以蒼蠅一變多，就代表芒果季要來了！

布國的芒果和臺灣愛文或玉井品種不同，如同非洲的熱情與多變，這裡芒果顏色多、果皮顏色繽紛，可以看見火紅、黃澄、青綠和白皙的各式芒果。不同品種、大小口感也不盡相同。

第一次看到綠色芒果，還以為是未熟的青芒果，但其實已經熟透、入口香甜呢。我花了一、二個月的時間才吃遍每攤不同的芒果，愈紅的似乎愈軟愈甜，愈白的肉愈多偏酸。綠皮黃肉雖最為常見，但滋味與香度仍差臺灣愛文一截。

練過鐵砂掌的玉米攤老闆

隨著雨水打落芒果的頻率增加後，接下來粉墨登場的就是黃澄澄的玉米了。

街上會開始出現許多玉米小攤，甚至連芒果攤老闆都轉賣起玉米了。你會看到竹籃裡有粒粒飽滿、清脆多汁的金黃色玉米；或是混著白色、黑色、紫色玉米粒的糯米玉米。

在布國，我從沒看過有人拿玉米煮湯，他們認爲玉米的最佳吃法就是——燒番麥（烤玉米）。

不過，當地烤法和臺灣在炭火上不斷塗抹醬料的方法十分不同。這裡是純樸的西非，「燒番麥」什麼調味都沒有，只有百分百天然的玉米香味，外加百分百炭火焦味。

然而最令人嘖嘖稱奇的是「手法」。烤玉米攤的老闆通常是女性，她們不用任何烤肉網架，直接把一根根玉米放在燒紅的木炭上。然後跟練鐵砂掌一樣，雙手在木炭堆中翻動玉米。

雖然徒手翻面不易控制火候，常會烤到焦黑，賣相實在不太佳。不過布吉納人自有一套美食哲學，老闆會掛保證地跟你說：「沒有烤到一點黑黑的不好吃，我不可以賣給你啦。」

不要輕易跟玉米攤老闆起衝突，她們可是練過鐵砂掌的。

但我每次都很緊張地跟老闆說：「好了……好了。」因爲她們所謂「一點黑黑的」，常常都太黑、太焦啦！

阿婆那一根根小小醜醜的玉米

看似平凡的事物中，往往存在著不凡的情感。

我每次經過烤玉米攤都會想起阿婆。她生前除了種菜、養雞也種玉米，還會把玉米水煮後拿去市場上賣。不過，她的玉米並不是漂亮的金黃顆粒，而是那種很醜的糯米玉米。

小時候我總覺得奇怪，爲什麼超市裡的玉米罐頭黃澄多汁，但阿婆的玉米又小又乾又沒味道。因爲玉米長得醜醜的，所以阿婆的生意都不太好。每次賣不完，她就會從鄉下老家拿到我在關西鎭上的家裡。

就算沒有跟她碰到面，但看到桌上那幾根小小的玉米，我就知道阿婆來過了。偶而推辭、想讓阿婆不用辛苦送來，但她總是自豪地說：「阿婆種的菜和玉米一點農藥和肥料都沒有，這樣對身體才好呀！」

雖然不太愛吃，但如果不收下，捨不得把玉米丟掉的阿婆，就會節省地把玉米當主食吃上好幾餐。

因爲雙薪家庭，小時候的我等於是阿婆一手帶大。有著客家女性勤儉美德的她，年近八十歲、牙齒掉光光了，也不願兒女花錢幫她配假牙。全家苦勸好久，終於被我說動配了第一副假牙。看著她終於咬得動更多美食，我比親自享受那些美味更加開心。

二〇〇八年，阿婆被診斷出胃癌。那時我在高雄讀書，知道消息後，終日過著提心吊膽的日子，害怕她不知道什麼時候會離我們而去。

二〇一〇年前往布吉納法索前，因爲過於擔心她老人家，我甚至思索要不要放棄這次的機會。然而，就在出發前一個多月的某夜，遠在高雄的我，接到爸爸從新竹打來的電話。

「阿婆過世了。一個人，在老家，在床上。」

惡耗如同一道閃電打在我身上，一顆心又熱又痛。我含著淚、久久講不出一句話，就連一句「爲什麼」都只能卡在喉嚨裡、問不出口。不管原因爲何，我再也沒有對象，可以開心地喊著「阿婆」了。

悲痛的情緒不斷湧來，但我冥冥之中有一種感覺：「這個時間點，可能是阿婆自己決定的。」

也許阿婆知道她日子不多，而我追逐許久的非洲夢終於要成行，她怕我會卻步放棄、怕我隻身在西非擔心她的身體……所以她跟老天爺說她可以了，不要影響到孫子的夢想，選擇一個人安詳地離開。

喪禮結束後，我和爸爸整理阿婆老家時，在屋裡角落發現了一大袋糯米玉米。一根根都是阿婆生前親手摘下，卻再也等不到主人把它們推出去賣了。

我們照著阿婆的方法，親手水煮那一袋玉米。一樣簡單的滋味，一樣又小又醜又沒賣相的玉米。然而，我從來沒有如此珍惜地吃著每一根，深怕遺漏那一粒粒阿婆的心血。

我多麼希望，能把這味道努力存進記憶中，因爲，阿婆的玉米永遠不再有了。

第二次回到布吉納法索，心情卻和當年夏天一個人來的時候不同。我更珍惜手中帶著微溫的焦黑玉米滋味，就如同阿婆陪在我身邊的愛，溫暖地活在我的心中。

記憶中的味道，或許會隨著時間淡去、遺忘，而那源自血液中的愛，卻會永遠流傳著。

剩一個月就要回臺灣，我突然有點想家了。

小時候住在鄉下，每天都會繞著鳳山溪看阿婆抓蝦、看阿公釣魚。右圖為姑姑陪著克勤克儉為家庭付出一生的阿婆散步。

23 歡欣婚禮上的貧窮吶喊

貧窮本身並不可怕，可怕的是自己以為命中註定貧窮或一定老死於貧窮的思想。
——富蘭克林（Benjamin Franklin，美國著名政治家）

一個高溫攝氏二十度的冬日，我和其他役男們一起前往首都，參加醫療團助理愛蜜莉（Emile）的婚禮。新人因爲是基督徒，所以選擇在教會舉辦這場感人的婚禮。

一到婚禮會場，完全打破了我原先的想像。這裡沒有西式高聳潔白的教堂，只是在教堂旁的石子空地上，臨時搭建兩個帆布棚子，像足臺灣傳統婚禮的路邊「辦桌」。

選定了位子入座，卻因爲是開放空間，桌椅沾滿了塵土。更慘的是，我的座椅剛好卡在兩個大棚子中間的縫隙下，陽光直接灑落在我臉上。好在布吉納法索的冬天不會下雨，不然一場大雨，會把這兩個棚子上的全部泥沙，通通往中間灌流，屆時我就要帶著滿身泥沙回宿舍了……。

不過，等到九點婚禮正式開始後，原本的不適全都消失了。身穿黑色西裝的新郎與純白婚紗的新娘，由伴郎、伴娘陪伴入場。新郎僵硬地踩著步伐，看起來緊張萬分。

兩位新人最後來到會場前方正中的位子坐下，牧師、親友接續獻上祝福；幾位友人獻唱了祝歌與舞蹈。

之後，就如同每部電影的情節一樣，牧師問新郎：「你願不願意娶愛蜜莉爲妻，不論貧窮或是富有、不論健康或是生病，你都願意一生一世與她爲伴嗎？」

新郎堅定地說著，「我願意。」

然後，新娘愛蜜莉也甜蜜地回答：「我願意。」

洋溢幸福與喜悅的婚禮現場。在眾人見證下，甜蜜的新人互許終生。

這三個字，聽起來眞的好感人。雖然我們已看過許多這樣的場景，有點老套、有點傳統。但這一刻眞的深深打動著我，眼眶不禁泛紅。

整場儀式，可以感受到兩位眞心相戀的愛人，彼此相遇、結合、互伴一生的情感，足以超越一切，戰爭、天災、疾病、饑荒等問題。愛讓兩人眼中的世界，不再有痛苦，只看得見幸福。

婚禮在兩人相吻後達到高潮，詩班繼續獻唱、獻舞，而漸漸進入尾聲。

正當我想著布吉納的婚禮，怎麼可能沒有吃吃喝喝呢，我們就拿到一份雞腿醬飯的餐盒，配上一瓶可樂；而當地人則是雞肉塊飯配礦泉水。沒想到這個保麗龍餐盒就是布吉納式的喜酒，一人一份，量不多卻簡單實在。

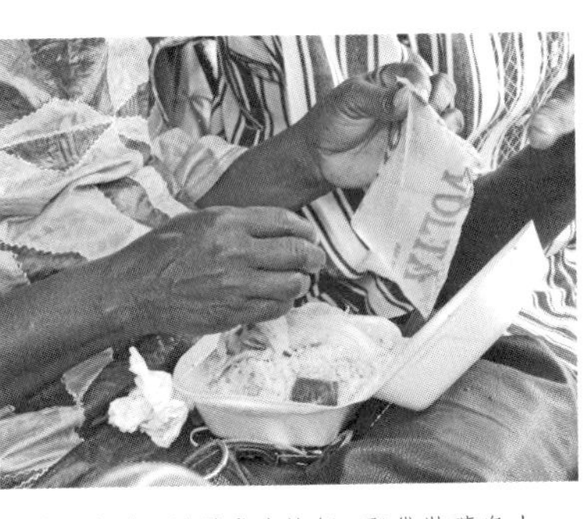

喜宴的餐盒，就是雞肉塊飯，配袋裝礦泉水。

可以救命的雞骨頭

在臺灣，婚禮是兩位新人、也是兩個家庭的大事。在布國，婚禮更是街坊鄰居共襄盛舉的喜事。

結束早上的教會儀式，下午場就是家族婚宴了，我們直接從市區教會來到新人家中。一開始就是由親友們致祝賀詞，結束時一樣會發給每位賓客大同小異

賓客之多，大馬路上也搭起了棚子。親朋好友、街坊鄰居都前來婚禮現場，熱鬧非凡。

的餐盒。不過，菜色看起來更加豐盛。我想這就是所謂布吉納的待客之道——不能讓客人餓肚子。

布國婚禮有個特色，不收取紅包。隨個人心意送不送禮物都沒關係，最重要的是，新人必須請街坊鄰居和親戚一頓美食，將布國的分享文化表現到極致。

下午的喜宴因爲街坊鄰居的加入，小小的房子瞬間擠爆，賓客整個滿到路上去。好在工作人員相當有經驗，眼看客人多到家裡塞不下，豪爽地將音響擺在馬路中央，強力發送猛烈的低音舞曲，告訴方圓百尺的鄰居：「我們家在辦喜事啦！」

上午場莊嚴、下午場熱鬧，雙方的親朋好友熱情地跟我們打著招呼，處處洋溢著浪漫溫馨的氣息。我沉浸在這樣歡樂的氣氛裡，一手抓著烤雞、一手拿著可樂，一度忘了這裡是西非。

就在我手裡拿著烤雞，卻看見路上那些赤腳、穿著破衣的孩子們，正撿拾客人吃剩的飯菜骨頭，在路旁爭相啃食著。

看到這一幕，我停下所有動作，而對街那一雙雙眼睛正無邪地與我相望，等著我手中吃剩的食物。

這群沒有被邀請的孩子是最期待婚禮的人之一，但婚禮上準備的餐盒或許不夠發給這麼多人。後來，有人拿了幾個餐盒給他們，可是今天過後，生命的現實與殘酷、疾病的肆虐、嚴重的貧富不均……他們仍是必須挺身面對。

我感到一陣心痛，此刻我見證了西非荒漠裡開花結果的愛情，卻又同時目睹貧窮的殘忍。

他們的生命權利在哪裡？何時會被看見？孩子的幸福又何時到來呢？……我不知道答案。

我想起霖恩小學的孩子們，因爲被臺灣人看見，一天至少可以飽食兩餐，不必淪落乞討的命運。但這個國家有太多貧窮的人，整個國家經濟與社福的大問題，不是憑靠一己之力能解決或改變的。

在國際合作上相當有經驗的前輩，常告誡我們：「不要輕易給錢，不要隨便助人，免得寵壞當地人。」所有的叮嚀我都了解，但又有誰能看著孩子啃著咬過的雞骨頭而不感到憐憫呢？

我走向前，將手中的雞腿和孩子們分享。向上帝禱告，願天父賜給飢餓的孩子溫飽，並保守他們平安長大。

貧富不均的社會，讓布吉納法索女性不僅負責所有家事以及農務，有時甚至要上街討生活，身邊的孩子也被迫提早面對殘酷的現實。

充滿感恩與溫馨的婚禮現場，一度讓我忘了這裡是西非。但轉頭一看，遠處幾位渴望食物的孩子，無聲吶喊著自己不被重視的生命。

24 只是爲了拯救自己，卻成爲別人的天使

世界在你跟前，
而你不一定要接受或維持它原先的樣子。
——詹姆斯・鮑德溫（James Baldwin，美國作家）

在布吉納法索，志工數目不像印度加爾各答那麼多，所以每次看到國際志工，我都會興奮地跑去聊天。有時候約個路邊烤肉攤坐下來，免不了要來上一瓶「布啤」——Brakina（當地啤酒廠牌，即布國的「臺啤」）。

記得第一次到布吉納法索，和當地朋友、日本國際協力機構志工一同吃烤雞時，我點了瓶可樂。

可樂一上桌我立刻被嘲笑了，「你來非洲當志工不會喝酒喔？」

過了很久我才發現，在布國各種聚會場合總少不了「布啤」。對飲時，可以快速拉近彼此的距離。

各國志工一同聚會交流，活像個小型「聯合國」。日本志工Aya跟我分享了自己的故事。她大學畢業後，便前往歐洲、非洲「流浪」，沒有再回過日本。有趣的是，她十分自信地跟我說：「日本製的泡麵，即使過期一年還可以吃呢！」

從古巴來的醫師一邊喝著酒、一邊說著，他們在布吉納法索的薪水比在古巴還低，是眞心想做國際醫療才來的。

我單手撕開路邊現宰現烤的土雞，耳裡聽著比利時的大學生說，他們來古都古當志工絕對不騎車或開車，一定要體驗烈日下，狂騎腳踏車到村子裡的辛苦。

「布啤」，串起每個旅人舌根上那混著濃郁苦感與甘醇的回憶，敞開心胸聊著自己來到非洲的原因。

來自各國的志工們齊聚一堂（左二即為Aya），喝著「布啤」、說著自己的人生與夢想。下一次，我們會在世界的何處交會呢？

有人是逃避國內失業的落魄；有人是追求一個無國界醫生的夢；有人是爲了優渥的薪水；而有的人則是帶著悲天憫人的宗教情懷……。

不過，其中有個共通點，敢來非洲的人都帶有一點「特別」，勇於追求不一樣的生活。像是日本志工即使英文不流利、法文不太懂，但熱血程度卻是第一名；而失業的法國志工來這裡尋找事業與感情的第二春……。人生，各自精采。

行動，只要一個念頭

「爲什麼要千里迢迢跑到國外當志工，做醫療工作呢？」

一提到國際志工，這是最多人問我的問題。以前，我看到有人無私的奉獻、勤做公益或志工，都覺得是極其偉大的行爲。縱使「心動」，卻始終沒有「行動」。

只要想到花時間當志工，就會有一堆理由冒出來：等我錢賺多一點，等我有空，等我做完這件事再去做……。其實，只要跨出第一步，永遠比留在原地更有收穫。

因此，在成大讀書時，我參加服務性社團，和同學一同輔導小朋友，孩子們一個簡單的笑容就能讓我感動、滿足和開心；在成大醫院當志工時，我感覺內心深處那股助人的強大渴望。而這股渴望，甚至改變了我眞實的人生。

在他人口中或許這是種「大愛」，但對於我來說，幫助別人所付出的，永遠不及

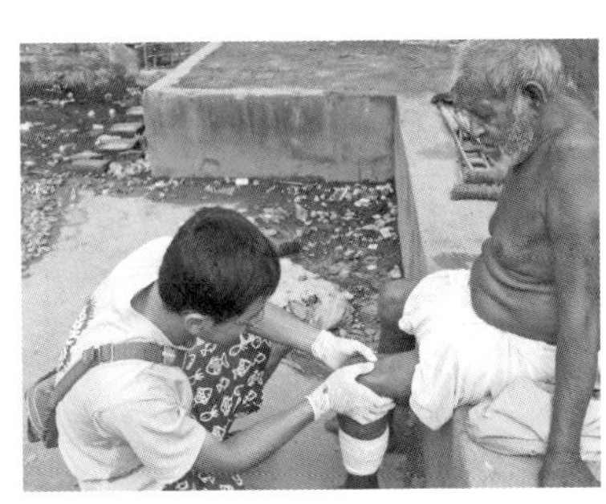
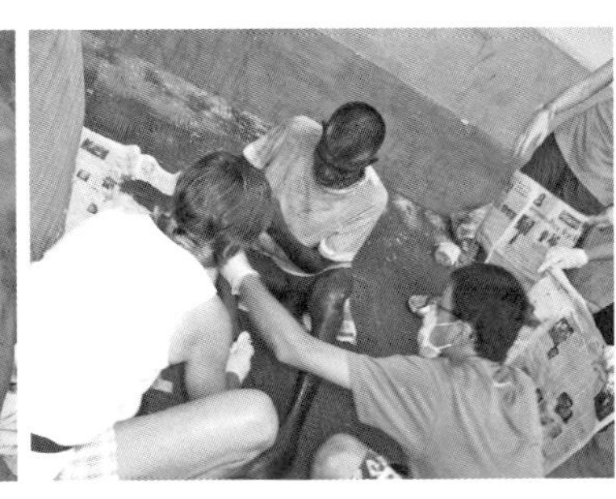

在印度街頭我一次又一次蹲下身、彎著腰幫街民按摩、洗澡。這同樣是我第一次幫陌生人擦澡。

我所得到的回饋。到印度或西非，澎湖或臺東，臺北石牌的永明發展中心或木柵的康復之家……無關愛的大小、無關地點，都滋養著我的生命。

幾次的海外旅程甚至成為我的成年禮。在印度，從一開始遠離街友的惡臭，到能夠擁抱街頭的傷口；在布吉納法索，從對人性的懷疑，到一瞥真實的診間天堂……我心中的高牆徹底瓦解。

我獲得勇氣，去接受文化的衝擊；融入當地，我學習如何服務，如何在挫敗中成長。

如同《牧羊少年奇幻之旅》所說，「過程往往比結果更重要！人的一生就是在體驗每件事，從每個經驗當中得到意義！」

音樂家雷光夏說得非常好，「只是為了拯救自己，卻成為別人的天使。」我為了跨出舒適圈、為了到世界交朋友，意外地賺到朋友羨慕的眼光、讚美和自我成長的經驗，也讓我多了無數與人分享的機會。

老實說，一件看似「利他」的行爲，背後都存在不可否認的「利己」。幫助別人，有部分也是爲了滿足自己「助人」的成就感。不見得幫助了誰，最後得到最多的往往是自己。

我學會和自我對話，誠實面對自己的情緒，認識自己、並且勇敢說出夢想。

如果你對這個世界充滿好奇，或對人生的方向徬徨，不妨去當國際志工吧！

打開你的心、你的視角，或許某個寶物在世界的角落等著你。

我與古都古當地非政府組織「世界花園」(Jardins du Monde)，前往鄉村種植藥用植物林，讓生病的村民可以就地煮草藥治療。

25

我說完我的，那你的夢想呢？

所有的大人最初都是小孩子，
只是多數的人都忘了。
——安東尼．聖修伯里（Antoine de Saint-Exupéry，《小王子》作者）

二〇一三年末，結束醫療團役男工作回臺灣後，我將非洲的故事留在回憶裡，開始忙碌的臺北馬偕紀念醫院兒科醫師訓練。

原以為那段生命的旅程，終究只是回憶，但回臺後的日子裡，點滴之中都藏有我被非洲改變的痕跡。

某天傍晚，我從馬偕淡水分院搭捷運回臺北總院，望向雨後的窗外，看見天際掛著一道大大的彩虹。欣喜的心情急於想向別人分享，轉頭一看卻見車廂內的人們不是低頭滑手機，就是閉目休眠。充滿驚喜的我只能跟身邊三歲小朋友說：「你看，外面有彩虹喔！」

非洲生活重組了我的內心，讓我懂得用眼睛去記錄周遭世界、用心去體會生活中的點滴。

布吉納的禮物

到布吉納法索之前，我沒有想過自己可以待在一個吃不到小籠包、喝不到珍奶的地方生活。

在那裡的三百多個日子，我才知道：三餐吃得到米飯就是有錢人；停電時，反而能見到上帝畫出的美麗星空；旅行可以不必帶書，因為在布國每天都有比小說更精彩的故事，讓我不缺題材地連續寫上三百天的日記（可見我的臉書粉絲專頁「布吉納的禮物」）。

而每一口又熱又酸帶著尿騷味的私釀紅高粱酒Dolo，是布國人最天然的心意：聚在芒果樹下喝酒的村民，懂得分享彼此生命中的喜怒哀樂。

感謝一路上相遇的每個人，帶給我各式各樣的喜怒哀樂，一同走過夢想的道路。

在布吉納法索時，西非發生史上最嚴重的伊波拉疫情，造成二萬八千多人感染、一萬一千多人死亡。慶幸的是，同樣位在西非的布國，並沒有傳出任何一位伊波拉患者，我們的醫療工作得以進行。

伊波拉疫情在我抵達布國後一個月開始，到我離開前已爆發成全球公衛緊急事件。那時，我離人間煉獄只有一千公里而已，醫院只要有人腹瀉或發燒，就會搞得人心惶惶。

大使館、醫療團毫無懈怠地緊盯疫情，甚至討論萬一布吉納法索淪陷了，要如何因應。這場疫情讓我了解生命無常，我無法知道地獄或死亡何時會來，唯有把握當下才是真實的。

感謝上帝保守我在布吉納法索的日子，每天賜給我不同的禮物，讓我對人生有更多的領悟，也讓我看見醫療的原點。

所謂醫者，是與所有貧民、弱勢族群、罪犯、被歧視者以及不被看見的人同在。這樣的同在，不是我們處於高位，或站在病人前方、英雄式抵抗病魔的姿態，而是守在每位病人的身旁、並肩作戰。

每次經過芒果樹下，當地人們總會熱情邀約我：「一起來喝一瓢吧。」

你小時候的夢想是?

人生就像熱汽球一樣,要愈飛愈高,
就要把沙袋一個一個的丟掉。
慢慢的到最後,夢想都丟光了,
我,卻變成了,我最不認識的我。——五月天《我》

我相信每個人都有過夢想,可惜迫於成長與現實的無奈,我們將夢想遺忘了、拋下了。小時候手中的紙飛機、機器人、洋娃娃……隨著和朋友一起打鬧的畫面,消失在回憶裡。

你還記得小時候的夢想嗎?

那些看起來空洞又可笑的夢:「我要當超人」、「我要環遊世界」、「我要變成富翁」、「我要到火星去」……。夢想沒有輕重,沒有好壞,沒有值得不值得,即使是聽起來好笑的夢想,仍有拍手鼓舞的價值,因爲每個人的夢想是不能衡量比較的。

臺灣這塊土地最美之處,就在於給予每個人自由做夢的勇氣。可惜的是,已經忘記夢想怎麼寫的我們,常常不願了解那些怪異夢想背後的故事,只因爲它和社會價值觀、和你我會做的事情不一樣;或不斷以各種「尺標」衡量,自下判斷地認爲那些夢創造不出實質效益，做夢者只想玩樂罷了。

很慶幸的是，當我決定放棄四年大學、重做「醫學夢」時，有家人溫暖的支持；當我燃起「非洲夢」時，我沒有因為冷眼冷語而放棄；當我決定用一輩子實現「兒科醫師夢」時，沒有因為內、外、婦、兒科四大皆空的醫療困境而退縮……。

我相信每個人都有實現夢想的能力，就差「勇氣」而已。

回來，是爲了再出發

「出去，是爲了回來；回來，是爲了再出發。」無論什麼原因或形式的出走，我們終究要回「家」——原本生活的地方，或工作、或學習、或成長，讓每個所見所聞成爲養分，強大自己之後，再次走向另一個夢想。

我相信旅行具有破碎與重建的功能，到一個沒有人認識的地方，我們可以脫下防衛的面具，讓赤裸的內心奔放，甚至打破舊有的自我、重建新的價值觀。如同足以影響一輩子的名言、或一本陪伴我們走出困境的書，一趟有意義的旅程絕對會讓我們重生！

我一直以爲勇於到國外做醫療服務，是非常偉大又帥氣的事，但到了西非才知道，僅憑醫生的徒手空拳根本什麼都做不了。

沒有保溫箱，早產兒根本救不活；沒有藥物，愛滋病和瘧疾患者只能等死；沒有乾淨衛生的用水，腹瀉和痢疾患者病情不會好轉；沒有食物，無法拯救飢寒交迫的人們；沒有教育，孩子的未來沒有發展……。

回臺灣後，我清楚了解想要成爲「拾海星的少年」，就要強大自己的力量、多多奉獻。

除了努力成爲兒科醫師，我主動參與了「榮星教會」、「畢嘉士基金會」共同支持的「霖恩小學」教育事工——募款支持霖恩小學，蓋教室、聘老師、招學生等。目前霖恩已有五間教室，九十幾位學生，三十幾位中學生。

我永遠記得在西非角落裡那些揮著雙手、用力打招呼的孩子；那些出於喜悅，拉長喉嚨大聲嘶吼，用盡力氣跑跳、追著我的孩子。他們提醒了我，不論好壞善惡美醜尊卑膚色，每個大人小時候都擁有過那樣耀眼的純眞，只是長大後的我們都忘記怎麼伸出那雙友誼之手。

《聖經》〈馬太福音〉第十八章三至五節說：「我實在告訴你們，你們若不回轉，變成小孩子的樣式，斷不得進天國。所以，凡自己謙卑像這小孩子的，他在天國裡就是最大的。凡爲我的名接待一個像這小孩子的，就是接待我。」

我想，這些純眞的孩子，就是最接近天堂的一群人。

我想，我會再回到布吉納法索，在這散發微光的天堂，完成更多的夢想。

你呢？你的天堂在哪裡呢？你的夢想是什麼呢？

孩子，我的夢想就是希望你們永遠健康。面對現實的困境時，能不斷提醒自己當初的笑容。

PEOPLE 26

穿越一條柏油路到古都古

1個醫師、4萬6000公里，那段我帶著夢想走在地獄與天堂的日子

作　　者——戴裕霖
企劃選書——何宜珍　　版　　權——黃淑敏、吳亭儀、翁靜如
責任編輯——呂美雲　　行銷業務——林彥伶、石一志
美術設計——copy

總 編 輯——何宜珍
總 經 理——彭之琬
發 行 人——何飛鵬
法律顧問——台英國際商務法律事務所　羅明通律師
出　　版——商周出版
臺北市中山區民生東路二段141號9樓
電話：(02) 2500-7008　傳真：(02) 2500-7759
E-mail：bwp.service@cite.com.tw
發　　行——英屬蓋曼群島商家庭傳媒股份有限公司城邦分公司
臺北市中山區民生東路二段141號2樓
讀者服務專線：0800-020-299　24小時傳真服務：(02)2517-0999
讀者服務信箱E-mail：cs@cite.com.tw
劃撥帳號——19833503　戶名：英屬蓋曼群島商家庭傳媒股份有限公司城邦分公司
訂購服務——書虫股份有限公司客服專線：(02)2500-7718；2500-7719
服務時間——週一至週五上午09:30-12:00；下午13:30-17:00
24小時傳真專線：(02)2500-1990；2500-1991
劃撥帳號：19863813　戶名：書虫股份有限公司
E-mail：service@readingclub.com.tw
香港發行所——城邦(香港)出版集團有限公司
香港灣仔駱克道193號東超商業中心1樓
電話：(852) 2508 6231傳真：(852) 2578 9337
馬新發行所——【Cité (M) Sdn. Bhd】
41, Jalan Radin Anum, Bandar Baru Sri Petaling,
57000 Kuala Lumpur, Malaysia.
電話：603-90563833　傳真：603-90562833
行政院新聞局北市業字第913號

印　　刷——卡樂彩色製版印刷有限公司
經 銷 商——聯合發行股份有限公司　電話：(02)2917-8022　傳真：(02)2911-0053

2016年（民105）08月09日初版　Printed in Taiwan　定價320元
2023年（民112）04月25日初版5刷
 ISBN 978-986-477-067-0
商周部落格——http://bwp25007008.pixnet.net/blog

• 本書使用環保大豆油墨印刷。

國家圖書館出版品預行編目

穿越一條柏油路到古都古／戴裕霖著.—初版.—臺北市：商周出版：家庭傳媒城邦分公司發行，民105.08　240面；14.8×21公分　ISBN 978-986-477-067-0（平裝）
1. 醫療服務　2. 志工　3. 文集

548.2107　　105012344